英国における拠点大学の
スポーツ戦略

ラフバラ大学と国際スポーツ組織の動向について

久木留 毅［著］

The Sport Strategies in Europe

Takeshi KUKIDOME

専修大学出版局

はじめに

　世界中が注目する中で大成功に終わった2012年ロンドンオリンピック・パラリンピック大会の翌年から1年間、英国を中心として欧州のトップスポーツに関する調査研究を実施した。拠点としたのは、スポーツに関して英国No.1の実績（研究、教育、実践等）を擁するラフバラ大学であった。ラフバラ大学は、英国において学生に最も人気のある文武両道の総合大学である。

　また、多くのトップスポーツに関わる優秀な人材を輩出している大学であり、卒業生の就職先は欧州全土に広がる。欧州のスポーツ関係者達は、彼ら彼女たちのことを良くも悪くも「ラフバラマフィア」と呼んでいる。

　ラフバラ大学での私のカウンターパートは、スポーツ政策、オリンピック教育において世界的な権威であるイアン・ヘンリー教授であった。彼は国際オリンピック委員会（International Olympic Committee, IOC）やヨーロッパ諸国連合（European Union, EU）で多くのスポーツに関する委員として活躍し、世界中にネットワークを有している。

　さらに、幸運であったのは、UKスポーツ（政府系政府外機関）でパフォーマンスディレクターをしていたピーター・キーン博士が時を同じくラフバラ大学のスポーツディレクターとして赴任したことであった。彼は私の帰国後にラフバラ大学内において、学長直轄のスポーツ推進戦略部部長へと昇格した。

また、私が英国にいた時期は、日本が2020年オリンピック・パラリンピック招致活動の真っただ中であり、そのロビー活動を含めた裏側を垣間みる機会にも恵まれた。さらに、文部科学省は日本の大学がグローバルに展開することを国策として推進していた時期であった。その一つとして筑波大学がラフバラ大学との連携協定を結ぶ準備をしていた。私はラフバラ大学で情報収集を重ねるとともに、ヒューマンネットワークの構築を行い協定締結に向けた場を設定するために尽力した。また、日本スポーツ振興センター（Japan Sport Council, JSC）・ロンドン事務所の参事としても新たな事業を立ち上げ活動を行っていた（無給）。これらのことも、多数の有識者と会い、情報交換をすることができた大きな要因の一つであった。

　これまで多くの日本人が英国・ラフバラ大学を訪問してきた。しかし、これまでは留学生や研究者として関係する研究室に所属するか、コーチ研修者として特定の競技に帯同するのが一般的であった。その中で私は、これまでの訪問者と違った形でラフバラ大学に滞在した。この中で収集した情報を広く共有することは、JSC という公的機関のアドバイザーとして当然であると考え、本書を執筆することとした。

　本書の内容は、ラフバラ大学を中心としながらも欧州で得たトップスポーツに関する情報を含めて広く網羅した。第1章では、ラフバラ大学のスポーツ戦略について全体像が理解できるようにした。第2章では、ラフバラ大学のビジネス戦略について具体例を示した。第3章では、ヨーロッパのスポーツ戦略について、広く具体例を用いて紹介した。第4章では、国際スポーツ組織の戦略について国際連盟および国の統括組織の事例を示した。

本書を一人でも多くの学生、研究者、指導者、スポーツ関係のスタッフ等に読んでいただき、研究、政策立案およびサポート活動を行う際の一つの情報となればこの上ない幸せである。

英国における拠点大学のスポーツ戦略／目　次

はじめに

第1章　ラフバラ大学のスポーツ戦略

1. 英国のスポーツNo.1総合大学　3
2. 英国No.1のアスリートサポート体制を有する
スポーツ開発センター　8
3. 2012年ロンドン大会レガシー戦略（1）　16
4. 2012年ロンドン大会レガシー戦略（2）　23

第2章　ラフバラ大学のビジネス戦略

1. スポーツ工学研究所とスポーツパーク　35
2. スポーツ複合施設、ナイキアカデミー、カフェ　42
3. 代表チームの招致戦略　50

第3章　ヨーロッパのスポーツ戦略

1. 地域密着型のスポーツ　61
2. 国際カンファレンス戦略　70
3. メジャーイベント招致戦略　77

第4章　国際スポーツ組織の戦略

1. ワールドラグビーのスポーツ戦略　87
2. 世界レスリング連合のスポーツ戦略　96
3. スポーツにおける人材の還流　107

おわりに　2020年東京オリンピック・パラリンピック開催に向けて　117

あとがき

装丁　右澤康之

■写真はすべて著者の撮影による。

第1章
ラフバラ大学のスポーツ戦略

1. 英国のスポーツ No.1総合大学

ラフバラ大学とスポーツ組織

　英国に新たな歓喜と活気をもたらした2012年ロンドンオリンピック・パラリンピック大会（以下略称：2012年ロンドン大会）の余韻が漂う中、ここでは、その後の英国およびヨーロッパを中心としたスポーツ界の動向について見ていきたい。最初に、スポーツの研究、教育、およびクラブ活動についてラフバラ大学のスポーツ戦略の一端を紹介していく。

　ラフバラ大学は、ロンドン近郊にあるイングランド中部地区（East Midlands）レスター州ラフバラに位置する総合大学である。その歴史は、1909年ラフバラカレッジとして創立されたことに始まる。その後、1966年にラフバラ工業大学（英国初の工業大学）として認可され、現在のラフバラ大学に改名されたのは1996年である。これまでにラフバラ大学はタイムズ、ハイアー・エデュケーションが出版している英国内学生調査において、6年連続、学生が選ぶ満足度No.1の実績を持っている。学生数約16,000名（修士、博士課程を含む）学部は10あり、その中でも英国のガーディアン[1]とタイムズ[2]によれば、デザイン学部（formerly Design and Technology, and the Ergonomics and Safety Research Institute）とスポーツ運動健康科学学部（Sport, Exercise and Health Sciences）は教育面で最も高い評価を受けている。

　トップスポーツの分野では、トップアスリート、トップコーチ、優秀

なスポーツ医科学スタッフが所属し、トレーニング施設を含め総合的な環境において英国一の評価を受けている大学である。卒業生には、ロンドンオリンピック・パラリンピック組織委員会会長のセバスチャン・コー（Sebastian Coe／オリンピック陸上1500m連覇、英国オリンピック委員会会長、国際陸上競技連盟会長）、2003年ラグビーワールドカップ優勝監督のクライブ・ウッドワード（Clive Woodward／元英国オリンピック委員会 スポーツディレクター）、陸上女子マラソンのポーラ・ラドクリフ（Paula Radcliffe／世界記録保持者）、陸上やり投げのスティーブ・バックリー（Steve Backley／オリンピック3大会連続メダル獲得）など多数のエリートコーチ、エリートアスリートを送り出している。

　アカデミックな部分では、筆者のカウンターパートであったイアン・ヘンリー（Ian Henry／ラフバラ大学教授）、バリー・フーリハン（Barrie Houlihan／ラフバラ大学教授）の両巨頭が揃うスポーツ政策分野が、英国だけでなく欧州や国際的なスポーツ界のネットワークでも有名である。卒業生の中には、国際オリンピック委員会（International Olympic Committe, IOC）、国際競技連盟（International Federations, IF）、英国のスポーツ系組織で働く者も多くいる。

　さらに、自然科学系でも多くの著名な研究者を輩出している。クライド・ウィリアムズ（Clyde Williams／名誉教授）は、英国だけでなくヨーロッパのスポーツ栄養学を牽引してきた大家である。体操競技のサポートおよび研究の第一人者フレッド・イードン（Fred Yeadon／バイオメカニクス）、元学部長のスチュアート・ビッドル（Stuart Biddle／身体活動と健康）、現学部長のマーク・ルイス（Mark Lewis／筋生理

学)、そして1996年のアトランタパラリンピックからパラリンピックのサポート活動を実施しているヴィッキー・トルフレイ（Vicky Tolfrey／障害者スポーツ）。ヴィッキーは、英国における障がい者スポーツ医科学研究拠点であるピーターハリソンセンター（ラフバラ大学内）の所長でもある。ここは2005年に設立された国際的に有名なセンターであり、日本の和歌山県立医科大学ともこの分野において交流を行っている。この他にも著名な研究者が多く存在し、研究、教育においてアスリートのサポートを実施している。

　多くのトップアスリート、トップコーチ、そして国際的に有名な研究者がなぜロンドン郊外のラフバラ大学に所属しているのか。大きな理由は2つ考えられる。1つは交通の利便性の良さにある。ロンドンから列車で約1時間20分の距離に位置し、高速道路へも近く、国内の主要都市への移動が容易である。さらにヨーロッパ諸国に行くにも、イースト・ミッドランド空港が近郊にあり便利である（車／約15分）。これらの立地条件の良さがフルタイムアスリート[3]、学生トップアスリートそして競技団体などがヨーロッパ諸国と行き来するのに役立っている。

　2つ目は、広大な敷地のキャンパスで研究と実践（クラブ活動など）を融合させた中で教育を行えるというメリットが大きい。ロンドン市内であれば、これだけの敷地を確保することができないことは言うまでもない。

まとめ

　ラフバラ大学は、学生、学生トップアスリート、フルタイムアスリートのために、トップコーチ、スポーツ医科学スタッフ、そして英国だけ

球技用の多目的グラウンド

文武両道の卒業生の写真プロフィールパネル

ナショナルクリケットパフォーマンスセンター

クリケット専用グラウンド

第1ラグビー場

第2ラグビー場

ラフバラ大学事務棟

でなく国際的なネットワークを有する研究者を揃えている。

写真解説（第1章1）
　ラフバラ大学では広大な敷地に建物とスポーツ施設が効率的に配置されている。建物の周囲には緑の芝生が綺麗に敷かれている。ラフバラ大学は文武両道の高等教育機関であり、歴代のワールドクラスのスポーツパフォーマンスで学業優秀な者の栄光が讃えられている。
　日本では馴染みのないクリケットであるが、英国および英国連邦諸国では盛んで、オーストラリアとの対抗戦には多くの人が観戦に訪れる。ラフバラ大学には、クリケット専用のグラウンドとナショナルレベルのクリケットパフォーマンスセンターが併設されている。
　ラグビーは英国でも人気のスポーツである。ラフバラ大学においてもラグビーは特別な存在であり、第1グラウンドはラグビー部の練習および試合以外で使うことはない。

2. 英国No.1のアスリートサポート体制を有するスポーツ開発センター

ラフバラ大学のスポーツ組織

　現在ラフバラ大学には、56のスポーツクラブがアスレチックユニオン（体育会）に加盟しており、そのうち、13のスポーツクラブ（陸上、バドミントン、バスケットボール、クリケット、サッカー、ゴルフ、男子ホッケー、女子ホッケー、ラグビー、ボート、競泳、テニス、トライアスロン）[4]が、英国トップおよびインターナショナルレベルでの活動と育成を行っている（2013–14シーズン）。

　ラフバラ大学のスポーツ組織は大きく4つから成り、それらがスポーツ ストラテジー グループ（Sports Strategy Group, SSG）を形成している（図1）。最初にスポーツ開発センター（Sports Development Centre, SDC）を紹介したい。ラフバラ大学のSDCは、これまで日本において紹介されたことがほとんどない。しかしラフバラ大学がトップスポーツにおいて、英国で最も高い評価をされている背景には、SDCの戦略的なサポート（大学の方針に沿った）がある。

　SDCはアスリートに対して、スポーツ医学・科学の専門家によるサポート、広大な敷地に各種のグラウンド、体育館、プール、スタジアムという施設、さらに各競技における専門のコーチを揃えて総合的な環境を整えサポートを行う組織である。これは日本の大学でいえばスポーツ事務部に相当する組織であるが、実情は日本と大きく違う。各競技・種

第1章　ラフバラ大学のスポーツ戦略　9

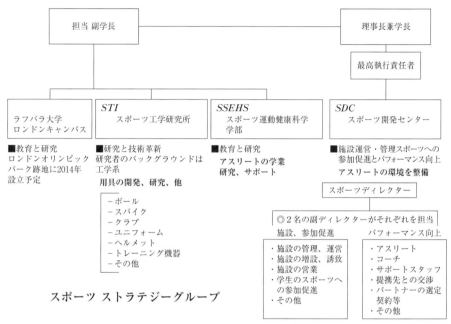

図1　ラフバラ大学 SSG 組織図 2012-13

目のコーチおよびトレーナー、マッサー、理学療法士、ストレングスコーチなどが所属している。アスリートが最新のスポーツ医科学サポートを受けられるように、学内の研究者（教員、助手など）と現場のコーチや医科学スタッフが連携する体制も整えている。さらに SDC は、トップアスリートに最高品質のサポートを実施するために、各競技団体および英国スポーツ研究所（English Institute of Sport, EIS）[5)]とも連携してフルタイムアスリートや学生トップアスリートのスポーツ医科学面

におけるサポートを実施している。この点が日本との大きな違いである。

　具体的なアスリートサポートのアウトラインは以下の通りである。スポーツ栄養、スポーツ心理、専門体力テスト、一般的体力テスト、ストレングス＆コンディショニング、スポーツ科学のサポート、トップアスリートのライフサポート、Rock-It Ball（英国特有のラクロスに似ているスポーツ）、フライングディスク（フリスビー）などがある。

　さらに、ラフバラ大学ではスカラシップ（奨学金）が競技成績に応じて各種充実している。スカラシップの供与にも SDC が関係している。タレントアスリートスカラシップスキーム（Talented Athlete Scholarship Scheme, TASS）[6]は、英国独特の制度であり、2012年11月に日本スポーツ振興センターのカンファレンスで主要メンバーが来日し、その全容が明らかになった。TASS は将来性ある次世代エリート競技者を対象者としてスカラシップ（奨学金）および他のサポートを提供している（競技団体と相談の上）。ラフバラ大学には、TASS から認定を受けているアスリートが61名（2012-13）いた。TASS との交渉も SDC の大きな役割の１つである。

　２つ目の組織は、スポーツ工学研究所（Sports Technology Institute, STI）である。STI の役割は、Research ＆ Innovation（研究と技術革新）であり、最新のテクノロジーを駆使してテーラーメードの用具などを開発している。３つ目の組織は、スポーツ運動健康科学学部（School of Sport, Exercise and Health Sciences, SSEHS）であり、研究と教育（中にはサポートを担当している者もいる）を担当している。さらに４つ目の組織として、クイーン・エリザベス・オリンピック・パーク

表1 2012年ロンドンオリンピック 国別金メダル獲得ランキング

国名	金	銀	銅	合計	ランキング
アメリカ合衆国	46	29	29	104	1
中国	38	27	23	88	2
英国	29	17	19	65	3
ロシア	24	26	32	82	4
韓国	13	8	7	28	5
ドイツ	11	19	14	44	6
フランス	11	11	12	34	7
イタリア	8	9	11	28	8
ハンガリー	8	4	5	17	9
オーストラリア	7	16	12	35	10
日本	7	14	17	38	11

（2012年ロンドン大会のメイン会場跡地）に設置されたラフバラ大学ロンドンキャンパスのスポーツ分野がある。

　これらの4つの組織からなるSSGを円滑に運営する役割を担っているのが、SDCのスポーツディレクターである。SSG内の各組織と密にコミュニケーションをとり、問題の把握と課題解決に努めている。ディレクターの下には、施設の管理運営・学生のスポーツへの参加を担当する副ディレクターと、パフォーマンスおよび学外スポーツ組織との交渉を担う副ディレクターの2名がいる。それぞれ役割を明確に分けて、機能的に活動を実施している。

　ところで2012年ロンドンオリンピックにおいて、英国はメダル獲得ランキング[7]世界第3位となり歴史上初の快挙を成し遂げた（表1）。この背景には、国を挙げての政策があり、それを執行した組織がUKス

ポーツである。さらに、UKスポーツは、それを現場レベルに落とし込むために"ミッション2012"[8]を策定し、各競技団体と質の高いコミュニケーションを取り、強いリーダーシップで推進した。英国におけるオリンピック、パラリンピックの大成功により"ミッション2012"は世界のトップスポーツ界の注目の的となった。

それを現場レベルで指揮したのが、UKスポーツの前パフォーマンスディレクターであったピーター・キーン（Peter Keen／ラフバラ大学スポーツ推進戦略部門の部長／2014年10月当時）であった。彼は2013年1月にラフバラ大学SDCスポーツディレクターに就任し、次々とラフバラ大学内のスポーツシステムを変革していった。現在はラフバラ大学におけるスポーツの推進と戦略を担う役割を学長直轄で実施し、さらなる飛躍を計画している。

まとめ

ラフバラ大学は、常に最新のスポーツ環境（ソフト、ハード）を整えて、アスリートをあらゆる面からサポートしている。大学だけでサポートをするのではなく、各競技団体、英国スポーツ研究所（EIS）、UKスポーツ、英国オリンピック委員会（British Olympic Association, BOA）、自治体、そして企業という、国を含めた外部機関と連携してアスリートの強化と育成を実施している。さらに、これらを円滑に進めるためにスポーツ開発センター（SDC）という組織をフル活用している。これらの仕組みは、日本の大学も見習うべき点が多い。

第 1 章　ラフバラ大学のスポーツ戦略　　13

ラグビー部は英国有数の強豪

陸上競技ハイパフォーマンスセンター

スポーツ工学研究所　正面入口

スポーツ工学研究所　館内

SDC 入居棟 Sir John Beckwith Centre for Sport

EIS 内研究ラボ

投擲専用のトレーニング場（Throw Park）

英国スポーツ研究所

パワーベース（ウエイトトレーニング場）

第1章 ラフバラ大学のスポーツ戦略

写真解説(第1章2)

　英国の大学スポーツには、ブリティッシュ・ユニバーシティ&カレッジ・スポーツ(British Universities & Colleges Sport, BUCS)と呼ばれる組織がある。この中で各競技と総合(大学対抗)の年間チャンピオンを決めている。ラフバラ大学は10年以上にわたり総合優勝をしている。また、ラグビーはBUCSの他に独自で大学の全国リーグを構成しているが、ここでもラフバラ大学は英国No.1の実力である。

　ラフバラ大学の建物には、人物名がついているものが多い。これは大学への貢献が大きかった者を讃えるものの一つである。

　陸上競技も大学の中で英国No.1であり、多くの名選手を輩出している。最も有名なのは、セバスチャン・コーとポーラ・ラドクリフであり、二人とも文武両道の優秀な学生であった。陸上競技場に隣接するハイパフォーマンスセンターは、2012年ロンドン大会の直前キャンプで英国オリンピックチーム(Team GB)の拠点として活用された。投擲場は、日本の室伏選手(陸上ハンマー投げ)も直前の調整で使用した。

　英国スポーツ研究所(EIS)は、イングランド地区のトップアスリートをスポーツ医科学面からサポートする組織である。ラフバラ大学は多くのトップアスリートが拠点としているため、EISがいつでもサポートをできる体制をとっている。

3. 2012年ロンドン大会レガシー戦略（1）

英国 No.1のスポーツ機能を有するラフバラ大学

　2012年夏に開催されたロンドン大会は、大成功のうちに幕を閉じた。ロンドンでは3回目のオリンピック開催（1908年第4回、1948年第14回、2012年第30回大会）であったが、多くのレガシー（遺産）を英国にもたらしたことが様々なメディア報道からも読み取ることができる。レガシーにはハードとソフトの両面があり、さらに両面が共同で織り成すものもある。また、国として政策的にオリンピック・パラリンピックを活用したことは言うまでもない。その中で英国政府は、オリンピック・パラリンピック招致に際して永続的なレガシー構築のために、以下の項目を政策的に掲げた。

　1）スポーツと健康的な生活　2）東ロンドン地区の再生
　3）パラリンピックのレガシー　4）経済成長　5）共同体

　これらの項目についてここでは詳細に取り上げないが、オリンピック・パラリンピックという国際的なイベント招致を国策として位置づけ推進することが、国としての総合戦略としてどれだけ有益であるかを読み解く参考となるであろう。
　ところで英国において、国際競技力向上に大学が果たす役割は少なくない。英国では日本の味の素ナショナルトレーニングセンター（National Training Center, NTC）、オーストラリア国立スポーツ研究所

(Australian Institute of Sport, AIS)、アメリカオリンピックトレーニングセンター（US Olympic training Center, USOC）のような拠点型ナショナルトレーニングセンターを有しておらず、地域分散型[9]を取っている。その一役を担っているのが大学である。中でも英国一のスポーツ機能（スポーツ科学系学部、研究者、コーチ、医科学サポートスタッフなど）を有するのがラフバラ大学であり、多くの競技団体のトレーニング拠点となっている。充実したスポーツ施設は、プロフェッショナルスポーツの施設としても充分な機能を兼ね備えている。中でも、陸上競技場は室内トラック、ウエイトトレーニング場、リカバリープールも完備した素晴らしい施設である。

　陸上、競泳、ホッケー、体操競技、バドミントン、トライアスロンなどのトップアスリートたちは、オリンピック前後を通してトレーニング拠点として活用している。さらに、パラリンピアンの拠点としても陸上、競泳施設は有効に活用されている。

　ラフバラ大学では、2012年ロンドン大会に伴い、施設の増改築や人材交流および戦略的な経営を実施してきた。現在もその増改築は継続されている。筆者が2013年4月に赴任して一番感じたのは、2009年9月に初めて当地を訪れた時にはなかった多くの施設が新しく建設され、キャンパスが美しく整備されていることであった。

　今後のキャンパス構想についてスポーツ開発センター（SDC）のスタッフからは、さらに増改築を含めて推進していくという計画を聞いていた。その中で、2012年ロンドン大会におけるレガシーについても話す機会があった。大学の内部のハード面における最も大きなレガシーは何かという問いに対して、複数のスタッフが教えてくれるのは、国立ス

ポーツ運動医学センター（National Centre for Sport and Exercise Medicine, NCSEM）とロンドンサテライトキャンパス構想であった。ここでは、NCSEMについて紹介したい。

国立スポーツ運動医科学センター（NCSEM）

2012年ロンドン大会レガシーとして、2014年12月を目処にラフバラ大学内（第一ラグビー場横）に英国イーストミッドランド地域の国際的なスポーツ医科学センターが設立された。この計画には、6つの組織が関わっており、スポーツ、運動医学面におけるハブ組織と言えるであろう。関与しているのは、3つの大学（ラフバラ大学、レスター大学、ノッティングハム大学）、2つの公立病院（ノッティングハム大学病院NHS[10]、レスター大学病院NHS）、そして公立健康管理センター（ノッティングハム州健康センターNHS）である。

これだけ多くの組織が関与した中でラフバラ大学が設置場所を確保できたのは、トップスポーツにおける実績、スポーツ科学、健康科学、スポーツマネジメントなどの学問領域による実績、スポーツ開発センター（SDC）によるスポーツの運営面での実績、政治力、そして中長期的な戦略の立案・実行を含めた総合的な力が他の組織より優れていたからであろう。

NCSEMでは、交流研究、診療サービス、そして教育に関わる以下の5つのキーエリアを設ける予定となっている。

5つのキーエリア
1) 疾病予防に関する身体活動の影響

2) 慢性疾患における運動の効果
3) スポーツ傷害と骨格筋系の健康
4) メンタルヘルスと健康
5) パフォーマンスヘルス

　NCSEMでは上記のテーマを反映させるために、専門的な知識を有する研究者、臨床医、そして地域の医療専門家とのコラボレーションの可能性を模索している。具体的には地域の人々や国を代表するトップアスリートに対して、基礎および応用健康研究から得た知識や、より改善されたサービス・デリバリーの普及を通じて健康上の利点に関与していくことを考えている。さらに、研究と実践の場におけるコーディネートを促進する機能を構築していくことも合わせて考えられている。
　これらの点については、ラフバラ大学がこれまで培ってきたトップスポーツにおける実践と研究が大きく関与するであろう。既存のラフバラ大学のスポーツ環境は、英国の中で最も整っている。そこに、実践医学の複合機能を有するNCSEMが加わることで、新しいスポーツ医科学の拠点が誕生することになる。
　英国政府は、このハブ機能を有する国際的にも卓越したスポーツと運動医療における最先端のセンターをラフバラ大学のキャンパス内に構築するために1,000万ポンドの助成金を投資している。もちろん、この背景には単にオリンピックレガシーとしてではなく、英国における健康関連の社会問題があることは明らかである。
　最も多い健康関連の社会問題は、肥満に関するものである。肥満は英国だけでなく欧州および北米等の先進国の問題でもある。これらを解決

する施策の一つとして、世界レベルのスポーツと運動医療の複合施設を建設し、国民の健康を改善したいとの狙いがあることは間違いないであろう。

　さらに、NCSEMは国際オリンピック委員会の認定組織として登録されている（現在、世界に9カ所）。

まとめ

　一連の国立スポーツ運動医科学センター（NCSEM）設立計画において6つの組織が関係していたが、ラフバラ大学がNCSEMの設置場所を勝ち取った背景からも、英国スポーツ界におけるラフバラ大学の卓越した力を垣間みることができる。さらに、ロンドン大会招致が決まった2005年前後から中長期的なスポーツ戦略を練り上げ、キャンパス構想に繋げてきたことがうかがわれる。スポーツを通して社会の開発を推進[11]していこうとしているわが国においても、ラフバラ大学の取組みから大学単体だけで中長期の戦略を立案するのではなく国や自治体、および企業も巻き込んだトータル戦略を構築することの重要性を学ぶべきである。

第 1 章　ラフバラ大学のスポーツ戦略　　21

室内練習場（ハイパフォーマンスセンター）

室内陸上競技場（ハイパフォーマンスセンター）

ホッケー場

競泳プール

陸上競技場

建設当時の NCSEM

完成した国立スポーツ運動医科学センター(NCSEM)

写真解説(第1章3)
　ラフバラ大学のキャンパスは、東京ドーム約35個分の広大な敷地を有する。既存のスポーツ施設は、日本のナショナルトレーニングセンターに匹敵するものである。現在、さらに新しい施設が次々と建設されている。NCSEM は、2012年ロンドン大会レガシーとして建設されたもので、地域の医療とも密接に関係している。

4. 2012年ロンドン大会レガシー戦略（2）

　ここでは、ラフバラ大学におけるロンドンのキャンパス構想について紹介したい。
　オリンピック・パラリンピックの招致前から、英国における東ロンドン地区の再開発は大きな課題の一つであった。英国政府はオリンピック・パラリンピック招致が成功したことにより、それがこの地区を再開発する大きな機会になると捉えていたことは間違いない。それを裏付けるように、前項（16ページ）で紹介した5つの政策の柱の一つとして東ロンドン地区の再開発が示されていた。

東ロンドン地区の再開発
　政府は、東ロンドン地区の再開発における具現化のために、ロンドンレガシー開発公社（London Legacy Development Corporation）を設置し、計画を推進している。ロンドンレガシー開発公社は、大会後のオリンピック・パーク内の施設の再利用または撤去などに責任を持つ組織として2012年4月に設立された。

　オリンピックのメイン会場跡地であるクイーン・エリザベス・オリンピック・パークは、2013年7月27日に第一段階としてパークの北側をオープンした。翌2014年の復活祭（3月下旬頃）の時期に、日常使用されるアクアセンターなどを含む南側をオープンさせた。

さらに、2017年には9つの鉄道ライン（ヨーロッパ直通を含む）が整備され、ロンドンシティー空港へ車で約20分、ヒースロー空港へは約60分、さらにM25道路も開通し、ロンドン南西部に約30分という総合的なインフラが完成することになる。これらの交通網の整備は、英国内だけでなく、ヨーロッパをマーケットとしてビジネスを展開できることに繋がる。

クイーン・エリザベス・オリンピック・パークの開発では、以下の4Eがキーワードに入っている点もおさえておくべきである。
1) 教育（Education）　2) 事業（Enterprise）　3) 雇用（Employment）
4) 環境（Environment）

ラフバラ大学ロンドンキャンパス
2013年5月ラフバラ大学は、ロンドンレガシー開発公社との契約を締結した。これにより本格的にラフバラ大学ロンドンキャンパス設置が動き出すことになった。

ロンドンキャンパスの設置場所は、クイーン・エリザベス・オリンピック・パークのブロードキャストセンター内である。この場所は総合的な計画として、データーセンター、放送製作、オフィス、スタジオ、教育機関、会議場などの複合用途施設（91,000㎡）を含む「iCITY」に生まれ変わることになった。「iCITY」構想の目的は、デジタルとクリエイティブの分野で、世界的リーダーとしての英国の地位を確固たるものにすることである。構想計画では、学術機関との連携とイノベーションを促進し、この分野において世界をリードするためのハブを設計することも求められている。「iCITY」内には、教育地域（ラフバラ大学以外も

含む）として7,000㎡の敷地を準備した。また、この場所において2019年までに4,500名（周辺地域で2,000名）の雇用を創出することを目標にしている。既にBTスポーツ（スポーツ専用番組放送）がスタジオを借り上げ、放送を開始していることからも順調なスタートを切っていると言えるであろう。

　2015年秋を目処にラフバラ大学は、「iCITY」内にロンドンキャンパスを開設するための準備を進めてきた。この構想は、オリンピック・パラリンピックのレガシー（遺産）と位置づけられていた。このキャンパスのターゲット層としては、国内外の大学院生と社会人のエグゼクティブに絞っており、文化、ビジネス、スポーツ、運動と健康についての基礎知識、研究、そして実践へと繋げる新しい研究センターを提供することを構想している。ロンドンキャンパスには、複数の学問分野が設置された。スポーツ関連の分野としては、2型糖尿病、生活習慣と肥満などによる健康面を考慮したエクササイズやスポーツ医学、スポーツマネジメント、さらに、スポーツを通した国際開発分野についても開講された。

総合戦略の必要性

　ところで、日本において大学の都心回帰が進んでいるが、ラフバラ大学も同様に都心進出戦略を掲げ、ロンドンキャンパスの開設準備を進めてきた。ラフバラ大学がロンドンキャンパスを設置するのは、世界を見据えた戦略の一環であることは言うまでもない。ロンドンという世界屈指の情報都市にキャンパスを設置し、世界との距離をさらに縮めていくことにより更なる飛躍を視野に入れていることが想像できる。

また、ロンドンキャンパスで学ぶ学生は、必要に応じて広大な敷地（東京ドーム約35個分）のラフバラキャンパスでも学ぶことができ、ラフバラキャンパスで学んだ学生がロンドンキャンパスで開催される多くの国際カンファレンスなどにも参加することもできる。この両方の利点は大きな意味を持つ。

　前述したように、今後さらに東ロンドン地区はインフラが整備され、ヨーロッパだけでなく世界との距離が縮まることが予想される。2012年ロンドン大会招致に際し、このことを計画に盛り込むことができた背景には、ラフバラ大学が有するネットワークと招致計画へコミットできる人材を雇用していたことが考えられる。

　2012年ロンドン大会招致が決定したのは、2005年7月であった。立候補ファイルの提出が2004年1月であり、開催後のレガシーについても書き込む必要があった。これらのことから、オリンピック・パラリンピックが開催される8年以上前からレガシー計画を念頭に戦略を立案していないと、上述したラフバラ大学のロンドンキャンパス構想は実現できないことが理解できる。つまり、大学内のことだけを念頭に戦略を立てるのではなく、国の動向をおさえた上でどのような総合的な戦略を策定するかが重要なポイントとなる。この点が日本の大学との大きな違いなのかもしれない。

まとめ

　国策としてスポーツを推進することを法律に記載し[12]、2020年東京オリンピック・パラリンピック招致が決定した今、改めて2012年ロンドン大会招致の教訓から多くの事例を学び、5年後の2020年東京大会の開

催、およびその後のレガシー（遺産）を見据えて戦略を立て推進していくことが重要となる。この点からも、ラフバラ大学のオリンピック・パラリンピック跡地の利用を考慮した先見的な視点によるスポーツ戦略から学ぶべき点は多い。

28

2012年ロンドン大会当時のオリンピック選手村

2012年ロンドン大会当時のオリンピック選手村

オリンピックパーク内の地図

現在のアクアセンター・競泳プール

住宅として販売されている元選手村

ラフバラ大学ロンドンキャンパス構想

第1章　ラフバラ大学のスポーツ戦略　29

住宅マンションとなっている現在の選手村

写真解説（第1章4）
　近年、オリンピック・パラリンピックの跡地の利用は大きな課題の一つである。その中で2012年ロンドン大会の跡地利用は、最も成功した例の一つである。東ロンドン地区に設置された選手村やメインの競技施設は、これまでのオリンピック・パラリンピックの中で最もうまく活用されている。ラフバラ大学も2015年秋にロンドンキャンパスをオリンピックパーク内に設置した。

【注】
1) 英国の高級日刊紙。
2) 英国の保守系高級紙（世界で一番古い日刊紙）。
3) アスリートとして生計を立てているプロフェッショナル。学生ではないことが多い。トレーニング拠点をラフバラ大学に置いている（陸上や競泳選手に多い）。給与は国からの支援を受けている。
4) 例年、10前後のスポーツクラブがこの位置にいる。
5) イングランド（英国は4つのネーションからなり、イングランドはその1つ）におけるトップアスリートをスポーツ医科学の面からサポートする組織。
6) トップスポーツと高等教育を結びつけ、提携大学を「ハブ拠点」として、競技者が教育を受けながら競技生活に必要なサービスパッケージを提供する「デュアルキャリア政策」推進事業。
7) 各国のメダル獲得ランキングは、金メダル数のカウントで出すことが多い。
8) 2007年にUKスポーツ（トップスポーツにおける競技団体への助成を行っている）が、2012年ロンドン大会において各競技団体がより多くのメダルを獲得できるように設置、開始した新しい制度である。
9) 各競技・種目ごとに拠点を各地域に置いている。
10) NHS：英国の医療制度で国営保健サービス（National Health Service の略称）。
11) 2011年6月に制定された「スポーツ基本法」において、Development through Sport は根幹をなす考え方である。
12) 2011年に制定された「スポーツ基本法」では、スポーツを国家戦略として推進することが明確に記載されている。

【参考文献】

英国文化・メディア・スポーツ省（Department for Culture, Media, Sport, DCMS）https://www.gov.uk/government/organisations/department-for-culture-media-sport

ラフバラ大学，http://www.lboro.ac.uk/about/

ラフバラ大学，http://www.lboro.ac.uk/research/ncsem-em/

ラフバラ大学，http://www.lboro.ac.uk/service/publicity/news-releases/2012/01_NCSEM.html

ラフバラ大学，スポーツ施設図　http://loughboroughsport.com/facilities/files/2012/11/sportsfacilities.png

ラフバラ大学，http://loughboroughsport.com/schoolvisits/workshop-outlines/

ラフバラ大学，http://www.lboro.ac.uk/service/publicity/news-releases/2012/226_Director_Sport.html

ラフバラ大学，http://www.lboro.ac.uk/london/

ロンドンレガシー開発公社，http://www.londonlegacy.co.uk

第 2 章
ラフバラ大学のビジネス戦略

1. スポーツ工学研究所とスポーツパーク

　ラフバラ大学にはアスリートを支える多くのスポーツ施設とスタッフが揃っている。その資源を活用して、様々なアイデアを考えビジネスへと繋げている。

スポーツ工学研究所
　英国が2012年ロンドンオリンピック・パラリンピックにおいて多くのメダルを獲得したことは、多数のメディアで報道されたとおりである。中でも自転車、ボート、セーリング、カヌーでのメダル獲得率は、きわめて高い。これらの成績はアスリート、そしてコーチを含めたサポートスタッフの努力に拠るところが大きい。そして、これらの競技については、マテリアル（用具）の開発も大きなポイントの一つであったことは間違いない。
　近年のエリートスポーツにおける競争は、コンマ数秒、数センチで勝敗を分けることが多い。その中で2008年北京オリンピック前後に登場した競泳の水着（レーザーレーサー）や、冬季競技によるスキー板、ワックスなどによるマテリアルの開発がわずかな差を生んでいることはよく知られている。
　英国では2009年より、代表選手が優位に戦えるように「ESPRIT (Elite Sport Performance Research in Training)」と言われるコンソーシアム型の産官学連携のプロジェクトを行ってきた。プロジェクトの目

的は、わずかな差を生むためのマテリアル開発であった。ESPRITには、ラフバラ大学も関係機関として加入していた。メンバーには、ラフバラ大学のスポーツ工学研究所（Sports Technology Institute, STI）所属スタッフが入って、センサーや最新の素材を活用した様々な研究開発に従事していた。

　STIではESPRIT以外の研究プロジェクトも多く行われ、国内外においてスポーツ工学の教育・研究開発を行ってきた。STIの特徴は、スポーツに特化した学問領域以外からの研究者（工学系）が大半を占めている点である。施設内では25名以上の大学院生が、サッカーボール（サッカーワールドカップで使用されたもの）、ランニングシューズ、ラクロス用ヘルメットの開発などの様々な研究プロジェクトに関わっている。

　スポーツを専門としていない研究者が、スポーツ現場に活かされるマテリアルなどの研究開発を進めるために最も重視しているのは、競技現場、スポーツ医科学研究者などとのコミュニケーションである。昨今のトップスポーツを取り巻く環境は、スポーツ医科学の参入が不可欠となっている。その中において研究、開発、実践のサイクルをうまく回すためには、各スタッフ間のコミュニケーションを促進することが必要であり、お互いの役割への尊重が不可欠である。この部分は日本が最も見習うべき点である。

　また、STIの研究者はひとつの競技に特化しているわけではなく、得られた知見について競技を越え幅広く活用していくことを目指している。研究は用具のデザイン、シミュレーション、安全性テスト、さらに実業化と幅広く展開されている。代表的なものとしては、アディダスと

共同開発したサッカー試合球がある（国際サッカー連盟、ヨーロッパサッカー連盟主催の大会で使用）。開発されたボールは、正確な球形へ近づけるために縫い目やパネルの改善を始め、サッカーワールドカップ2006年ドイツ大会では水分を含んでも重くならない工夫、2010年南アフリカ大会では高地での試合にも対応できるような工夫がなされた。

パラリンピック関係のマテリアルも多く手掛けている。アスリート一人一人の特徴に合わせたテーラーメイド型のマテリアルも開発している。さらに、クリケット用の特注ヘルメット、ラグビーイングランド代表チームのユニフォームなども開発している。その他の連携企業としては、キャロウェイゴルフ、カンタベリーオブニュージーランド、ダンロップ、ヘッド、ニューバランス、ナイキ、リーボック、スラセンジャー、スポルディング、スピード、アンブロなどがある。

ラフバラ大学での研究開発は、出来あがったマテリアルだけを取り上げれば日本と大差はないであろう。ただ、アスリート、コーチ、サポートスタッフ、教育者、研究者、企業スタッフなどがコミュニケーションをとり、そこで創造されるアイデアと作りあげていく過程は大きなメリットの一つである。前述のメダル獲得率の高い、英国が強い競技の特徴として、ほとんどが座ってパフォーマンスを発揮する競技（ボート、カヌー、自転車、セーリング、馬術）である。その優位性についてディスカッションの中で聞くことがあった。何気ない一言が、大きなヒントを与えることもある。各スタッフ間でのコミュニケーションをどのように促進させることができるのか、わずかな差はこのようなところから生まれるのかもしれない。

スポーツパーク（Sport Park）

　ラフバラ大学の広大な敷地（東京ドーム約35個分）の西部に、2010年1月、スポーツ団体のための高機能オフィスビルとして設立されたスポーツパークは、総工費が当時1,500万ポンドであった。大学に加え、スポーツイングランド[1]、イーストミッドランド開発公社[2]、その他2つの地方自治体が出資することで完成した。

　ただ、この出資に関しても採算がとれると見込んだからこその設立であることは、この計画を遂行した責任者であるスポーツ開発センター（Sport Development Centre, SDC）副部長の話からも理解できた。

　ラフバラ大学は交通の利便性がかなり高く、地理的に英国本土の中心に位置する。ロンドンからは、列車で約1時間20分の距離にある。近郊の駅から大学まで車で約12分、高速道路にも近く（約3分）、国内の主要都市への移動が容易である。さらにヨーロッパ諸国に行くにも、イースト・ミッドランド空港が近郊にある（約15分）。この利便性を、大学側が各組織とのビジネスミーティングで活用し、交渉を有利に進める材料にしている点についても、前述の副部長より確認した。

　大学の立地、既存のハードとソフトを合わせて、綿密な戦略に基づき新しい施設の建設を計画する。そして、施工と同時にオフィスビルに入居する候補組織に営業を仕掛ける。まさに大学を活用したビジネスモデルがここにある。この点に関しては、今後外部資金を活用することも含めて日本が参考にすべき点も少なくない。

　入居している組織間の協同・交流を促進するため、カフェテリアや休憩スペースを広めにとっている。天井にはプロジェクターが数カ所に設置され、いつでもミーティングスペースに変えることができる施設が

整っている。窓が大きく、開放的な雰囲気も特徴の一つである。また学内の教育・研究機関との行き来がしやすいよう、他のビルとのアクセスにも配慮されている。ラフバラ大学の学生は、入居している各組織のインターンができるようサポートも整っており、両者が合意すれば卒業後に就職するケースも見受けられる。

　ビル内には会議室、シャワースペースなどを備えるほかジムも併設されている。早朝や昼の休憩中に運動ができるようにビルの周囲にはジョギングコースも整備され、駐車場はミニスポーツスペースとしても利用可能である。環境持続性にも配慮がされ、空調・換気システムには自然エネルギーを活用し、英国環境評価制度の最高ランクを獲得している。

　現在は、UKスポーツ（タレント発掘育成チーム）、スポーツイングランド（コールセンター、他一部の機能）、ユーススポーツトラスト（Youth Sport Trust, ST本部機能、約70名のスタッフ）[3]、イングランド障がい者スポーツ協会（English Federation of Disability Sport／本部機能）、カウンティスポーツパートナーシップ（County Sport Partnership, CSP）、各競技団体（National Governing Bodies, NGB／競技団体によって規模や機能は異なる）など、合計13組織が入居している（2013-14）。

まとめ

　ラフバラ大学は、既存のハードとソフトを活用して様々な事業を展開している。その範囲は、大学という枠組みを越えて外部組織とビジネスを行っている。もちろん、ラフバラ大学での手法をそのまま日本に持ち込むことは、国の制度が違うためにできない。しかし、考え方を含めて

多くのヒントがラフバラ大学にはある。日本の大学とラフバラ大学との最も大きな違いは、スポーツ戦略を立案し推進しているSDCの存在である。日本の大学にもスポーツ局、体育事務部などの同様の形態を持つ組織は存在するが、国の動向を見据えて自治体や企業を巻き込み戦略を立案する能力と推進させる機能を有していないのが実情である。

写真解説（第2章1）
　スポーツパークは、英国の競技団体や統括団体などが入居するラフバラ大学が運営するビルである。その中に入居するユーススポーツトラストは、小学校や中学校に体育のプログラムを提供する非営利団体である。
　スポーツ工学研究所はラフバラ大学の所属組織であり、その運営資金は大学だけでなく地方公共団体や企業からの協賛金を広く受けている。代表的な開発製品としては、アディダスと共同で行っているサッカーワールドカップ用のボールがある。その他、サッカーやラグビーイングランド代表チームのユニフォームなども開発している。

第2章　ラフバラ大学のビジネス戦略　　41

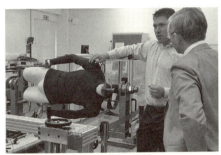
スポーツ工学研究所内部

スポーツパーク館内

スポーツ工学研究所の戦略パートナー企業

スポーツパーク外観

スポーツ工学研究所がアディダスと共同開発したボール

スポーツパークに入っているユーススポーツトラスト（YST）・オフィス

2. スポーツ複合施設、ナイキアカデミー、カフェ

　ラフバラ大学には、広大な敷地の中に多くのハード（各種施設）とソフト（人材、システム）が揃っている。その資源を活用して、様々なアイデアを考えビジネスへと繋げている。日本の大学にも同じようなハードとソフトが揃っているのに、なぜ違いがでるのか。ここでは、ラフバラ大学のスポーツ戦略をさらに探っていきたい。

スポーツ複合施設
　スポーツ複合施設（Sport Complex）には、サッカー場が3つ、ラグビー場が2つ、アメリカンフットボール場が1つ、ビーチバレーコートが3つ、そして複合スタジアムが1つある。スタジアム以外は、観客席はない。ビーチバレーコートは、2012年ロンドン大会のレガシーである[4]。
　その中で一番のメインは、ラフバラ大学スタジアムで、2012年に竣工した観客席などを備えたスタジアムである。オープンに際しては、サッカープレミアリーグのマンチェスター・ユナイテッド・アカデミーチームとラフバラ大学サッカー部が対戦した。この映像を大学の広報として、学内およびホームページで活用している。マンチェスター・ユナイテッドが、英国だけでなく世界のブランドとなっていることはよく知られている。下部組織とは言え、このチームを対戦相手に選んだのは間違いなく広報活動に使うことを視野に入れての戦略であったことが理解で

きる。
　スタジアムでは年間約70試合を実施し、最大3,000名（メインスタジアム席300、その他2,700）まで収容可能である。スタジアムを取り囲むように観客スタンドを設置する案もあったが、イギリスはアメリカと違ってカレッジスポーツのような集客が見込めないと判断して現状に至った。スタジアムへの固定概念から、アメリカの大学が所有するスタジアムと同様のものを建築しようとしたが、採算が取れないと判断し軌道修正を行った。このあたりの柔軟性は日本も見習うべき点であろう。
　建物内には更衣室やパーティー会場としても使えるラウンジルームなどがあり、英国の文化の一つでもあるパブに早変わりする施設が整えられている。必要な社交の場は、必ず確保されている。それにしても、英国はスペースの使い方と見せ方がうまい。
　ネーミングライツを実施していないのは、スタジアムに大学名を冠していることと、既存施設や事業のスポンサーとの関係を考えてのことである。2014年の秋には、スタジアムの隣接地に学生と近隣住民をターゲットにしたフィットネスジムが建設された。地域への新しい施設の開放と同時に、利用者のニーズを含めた市場調査を実施した上でのビジネス戦略である。

ナイキアカデミー
　ナイキアカデミー（Nike Academy）は、イングランドプレミアリーグとナイキが共同でサッカーのプロ選手育成をサポートするプログラム（2009年6月設立）である。2011年より拠点をラフバラ大学に移行したが、ラフバラ大学の学生で所属している者はいない。

このような案件は、スポーツ開発センター（SDC）の副部長[5]が担当になる。彼は対象企業に対して、ラフバラ大学の利点（ハードとソフト）を紹介する。ただ、ここまでなら他の大学でも行っているであろうが、SDCでは、ハードとソフトを組み合わせたプランを紹介できるところに強みがある。

豊富な敷地と天然芝のグラウンドを提供するとともに、ナイキアカデミー独自のグラウンドであることを打ち出し、グラウンド整備も大学側が行う。既存の用地に一工夫するだけで、そこにはナイキアカデミー専用グラウンドができることになる。さらに、最先端のスポーツ医科学施設の利用と活用方法をパッケージで提供する。大学内スポーツ施設（体育館、ウエイトトレーニング場、プールなど）の使用、体力・形態測定、メディカルケアーなどの受診も契約時に含まれている。

現在、アカデミーには、約22名が所属し、将来のプレミアリーグ入りを目指している。ラフバラ大学は、ナイキアカデミーの拠点が大学内にあることをホームページなどでも広報として活用し、大学の学生募集に使っていた。

このように、いくつものビジネス戦略を垣間見ることができる。

しかし、2011-12年シーズン、2012-13年シーズン、そして2013年7月を最後にナイキアカデミーは、イングランドサッカー協会（The Football Association, FA）が新しく設立したセントジョーズパーク（ナショナルフットボールセンター）に場所を移した。同センターは、37年前に構想が始まったもので、FAの総力が結集されたものである。

ナイキアカデミーがラフバラ大学から移動した背景には、アカデミーのスポンサーであるナイキの強いプッシュがあったと言われている。

FA のスポンサーがナイキであることから、ナイキ側からすれば当然の結果であろう。ビジネスの世界は非情であり、良い環境だけでは競争に勝てない実情がここにある。ラフバラ大学は、この厳しい競争環境の中で他の組織と競い合い、ビジネスを展開している。

情報の宝庫であるカフェ文化

　ラフバラ大学には、多くのイノベーションのヒントがある。その1つがコミュニケーションのためのカフェである。東京ドーム約35個分の広大なキャンパスで、この施設が至るところに用意されている。学生と教員、アスリートとコーチ、コーチとスタッフ、コーチとコーチらがカフェを使ってショートミーティングを実施している光景をよく見かける。

　各コーチにはフィールド外での仕事も多くある。その一つが学生の様々な相談である。自分のパフォーマンス、チーム内でのコミュニケーション、練習と勉強の両立に関することなど、多くの相談をコーチが受けている。また、コーチの相談相手は、スポーツ開発センター（SDC）のスタッフである場合が多い。この点も日本には大きな参考となるであろう。大学の名誉をかけてアスリートやチームを率いるコーチは、孤独だ。そのコーチのために、相談に乗るスタッフを位置づけることは大きな意味がある。

　もちろん、日本の大学においても同様のことをしているところは少なくない。しかし日本との大きな違いは、カフェをミーティングの場として頻繁に活用している点である。ただ食事やお茶をするだけでなく、テーブルに資料、パソコンなどを置き、熱心に話し込む姿を何度も目に

することがあった。さらに、学長、理事長という最高経営者もカフェをミーティングの場として使いこなしている点は、必見に値する。ここに日本との違いをみることができると同時に、大きなヒントがある。

　以下は、代表的なカフェが入っている建物である。
ラフバラ スチューデント ユニオン（Loughborough Student's Union）（学生生協）
　最も多くの学生とコーチ、スタッフが集まってミーティングをしている場所である。建物には、学生自治会（スポーツ、ボランティアなど）のオフィスも入っている。
マーチンホール（Martin Hall）
　スポーツ・体育関係者が多くいる棟から最も近く、伝統的なカフェである。Martin Hallのカフェ文化は、2代前のSDCスポーツディレクターが構築したと言われている。
エドワード ハーバート ビルディング（Edward Herbert Building）
　位置的には、キャンパスの真ん中にあり、最も大きなレストラン＆カフェが入っている。スポーツ系学部以外の学生も多く集まる。
　この他、各学部や図書館、各寮に併設したレストラン＆カフェが至るところにある。ラフバラ大学のカフェを観察していると、場を作り、人の交流を促し、そして情報が行き交う施設としてよく考えられていることに気づく。

　組織を円滑に運営していくためには、各分野のスタッフがそれぞれの壁を越えてコミュニケーションを取ることが重要であることは良く知られている。しかし、それを実践するためには、各スタッフの努力だけでなくハード面の工夫も不可欠となる。その意味からもカフェの設置と活

用は大きな意義がある。

まとめ

　ラフバラ大学のスポーツ戦略は、既存の資源（ハードとソフト）をフル活用して事業を作り出し、利益を上げることを考えて事業を回している。また、スポーツ戦略が円滑に推進するために所属する学生、教職員、企業間の情報がうまく回る工夫がなされている。総合的に考えられている、ラフバラ大学のスポーツ戦略から学ぶべき点は多い。

ビーチバレーコート

ラフバラ大学スタジアム観覧席

ラフバラ大学スタジアム

スタジアム内ラウンジ（パブにもなる）

ナイキアカデミー用グラウンド・ベンチ

ラフバラスチューデントユニオン内カフェ

第2章　ラフバラ大学のビジネス戦略　49

マーチンホール内カフェ

イーエッチビー内カフェ

写真解説（第2章2）

　2012年ロンドン大会直前に、ラフバラ大学は英国代表チーム（チームGB）の事前キャンプ地であった。ビーチバレーボールのコートもその時に作られたものである。

　ラフバラ大学スタジアムは、諸外国（大学）のスタジアムと比較して、観客席が少ないのが特徴である。しかし、2階のラウンジに簡単な軽食やミーティングを行なえるスペースも設置されている。

　ナイキアカデミーが使っていたグラウンドは、特別なものはないが、うまく加工を施し利用されていた。

　ラフバラ大学には多くのカフェが設置され、学生、教職員が団らんできるように作られている。

3. 代表チームの招致戦略

　ラフバラ大学には、アスリートを支える多くのスポーツ施設とスタッフが揃っている。その資源を活用して、様々なアイデアを考えビジネスへと繋げている。ここでは、その一端と今後の方向性を紹介したい。

競技団体招致戦略 1
　プロフェッショナルラグビーのシーズンが終了した2013年5月末、ラグビーユニオン[6]・イングランド代表チームがラフバラ大学内でミニキャンプを実施した。目的は体力・形態測定と戦術などの確認であった。トップスポーツにおいて、アセスメント（評価）は重要な項目の一つである。イングランドにおけるラグビーの代表チームは、プロリーグに参加する選手を招集することになる。そこでシーズン終了直後に代表選手を招集し、代表チームとしての方針（戦略、戦術など）を示すとともに体力・形態測定とケガや疾病の確認を行う。さらに短期間でこれらを一度に実施するためには、ハードとソフトを兼ね備えた場が必要となる。
　ラフバラ大学には、プロリーグ所属のトップアスリートに対応できるハードとソフトが揃っている。これらをパッケージとしてラグビーのプロリーグやイングランドラグビー協会に営業をかけて、キャンプ招致に成功している。
　英国においてラグビーイングランド代表チームは、一流のブランドで

ある。そのチームがキャンプに訪れたという実績は、大学側に多くのメリットを与えることになる。メディアへの露出、大学のホームページやパンフレットなどへの情報掲載、それらを活用した有望学生のリクルート、その学生が入学することでのチーム力の向上など、様々な相乗効果が生まれることになる。また、スポーツ医科学スタッフのサポート力向上という点においてもメリットは多い。これらから生じるメリットをいかに活用するか、総合的な戦略を持つことが最も重要であることは言うまでもない。

競技団体招致戦略２

2013年10〜11月にラグビーリーグ[7]のワールドカップが、イングランドとウェールズを中心に開催された。その歴史は古く、1954年から実施されている。今大会では14チームが参加して、5週間にわたって熱戦が繰り広げられた。その中でラフバラ大学は、イングランド代表チームのベースキャンプ地として選ばれサポートを行った。

代表チームは、基本的に週末に試合があり、終了後にベースキャンプであるラフバラ大学に戻る。ここでリカバリーをしてコンディショニングを行い、次の試合に臨むというサイクルを繰り返した。この間、BBC（英国放送協会）を始めとしたメディアがラフバラ大学を訪れた。ラグビーは英国でも、サッカーと人気を二分するスポーツである。毎週必ず、ラフバラ大学内でのメディアインタビューの時間がセッティングされていた。イングランド代表は、11月23日準決勝まで勝ち進んだ（準決勝ではニュージーランドに敗退）。そのため約1ヶ月にわたって、多くのメディアが代表チームを取り上げた。このことを大学広報という点

で見た場合、ラフバラ大学は何らかの形でメディアに取り上げられ、英国ラグビー代表チームを通じて全国、全世界に向けて PR（Public Relations）されたわけである。

　このように有名チームをキャンパス内に招致するだけでなく、メディア報道も計算した上でプラス効果を含めてビジネス展開している点は、日本の大学にとっても参考に値する。

マンチェスター・ユナイテッドアカデミーとの記念試合

　広報戦略という点では、以下も面白い例である。2012年10月、ラフバラ大学スタジアムの開所記念として実施された大学サッカー部とマンチェスター・ユナイテッドアカデミーとの試合には、学内外の観客が多数来場した。試合は2対6で大敗したが、その話題性から効果は絶大であった。ただ、これだけで終わらせず、この試合の映像を自在に編集し、大学ホームページで広報として使い、同様の映像をオープンキャンパス時に各所で流すことで来場者に印象づけるようにした。

　もちろんアカデミーチームとはいえ、マンチェスター・ユナイテッドの下部チームを呼べるだけのスタジアム、対戦できる大学トップのチームを抱えていることが前提である。しかし、マッチメークからここまで戦略的に考えられるところに、日本の大学にはないラフバラ大学のビジネスセンスがある。

一流ホテルの導入

　大学の西側に位置するバーレイコート（Burleigh Court）は、多くのカンファレンスルームを有し、4つ星の格付けを持っているホテルであ

る。料金の設定もラフバラにしては少々高いが、サービスは良く綺麗で、食事も美味しいと評判である。施設はプール、ジャグジー、サウナ、マッサージ、ネイルサービス、ウエイトトレーニングジムなどを備えている。大学内にこれほどの施設が必要なのか、と疑問に思うことも少なくない。しかし、年間を通してクリスマス休暇以外ほとんど客室が埋まっている。

　これは企業側の自助努力だけでなく、ホテルを誘致した大学側が様々な企業や他組織と共同で多くのカンファレンスを企画し開催しているからである。その内容はスポーツだけでなく、工学、芸術、化学、ビジネスなどの各学部や研究機関が競い合うように、多くのバラエティーに富んだものとなっている。通常カンファレンス終了後には、懇親会が開催されることが多い。そのときに学生食堂や学外ではなく、学内に一流のレストランがあることは重要なポイントとなる。

　同様に、プロリーグに所属する国を代表するアスリートがリラックスし気分転換を図るためには、一流のレストラン、ホテル、その他の施設が必要であることは言うまでもない。これらの点を考慮して、ラフバラ大学ではバーレイコートと契約をしていることが理解できる。日本の大学の中には、ラフバラ大学と同様のスポーツ施設を有するところもあるが、宿泊、食事などの面において一流とは言いがたい。

　質の高い様々なスポーツ施設と、測定、分析、アドバイスを行うスポーツ医科学のサポートスタッフやシステムを準備することは、トップアスリートが所属するチームを呼ぶためには不可欠である。さらに、質の高い食事（雰囲気を含む）と休息場を提供することも同様に重要なことである。

スポーツ施設の設置とチーム招致計画

　ラフバラ大学では、大学に関係する企業を集めて年に数回懇親会を実施している。その中で今後の大学戦略の一端が紹介された。最西部に位置するスポーツ工学研究所（STI）の奥、シネスエンタープライズパークに企業専用のビルを建設することが決定した。

　このことから、今後さらに企業との連携を強化し戦略を推進するために、新しい企業の誘致も積極的に進めて行くことが考えられる。東西に伸びる東京ドーム約35個分の敷地には、まだまだ空いているスペースがある。これまでにも紹介したが、新しく整備されたスポーツ施設の建設とチームなどの招致は以下の通りである。

1) 国立スポーツ運動医科学センター（National Centre for Sport and Exercise Medicine, NCSEM）

　2015年1月に、ラフバラ大学内（第一ラグビー場横）に英国イーストミッドランド地域の国際的なスポーツ医科学センターとして設立された。これにより大学構内には、スポーツ医学系の病院も設置されることになった。

2) 新ヘルス＆フィットネスセンター（ホリーウェルフィットネスセンター）

　ラフバラ大学スタジアムに隣接した新たなセンターが、2014年9月に設立された。このジムは、地域にも広く開放し対象者を一般学生、教職員および地域住民としている。

3) 新サッカー、ラグビー用グラウンド
　西部（ホリーウェルパーク横）に設置予定。

4) ラフバラ大学ロンドンキャンパス

2012年ロンドン大会の跡地であるクイーン・エリザベス・オリンピック・パークのiCITY内に2015年秋に開設した。
5) 代表チームの招致など
2014年夏にはコモンウェルスゲームズがスコットランド[8]で開催された。それにともない、すでに大学内のプールは競泳イングランド代表チームの拠点となった。おそらく、今後も多くの競技大会前に各代表チームの事前のキャンプ地となることが予想される。

このように現状に止まることなく、次々に事業展開を考え推進している。その背景には、大学の方針があることは言うまでもない。その方針の柱は以下の4つであり、これらを中心として中長期の戦略を立案している。
①アカデミック（teaching, learning）
②研究
③事業開発
④スポーツ

まとめ
このようにラフバラ大学では、既存のハードとソフトを考慮した上でそれらをどのように結びつけるかを徹底的に考え、ビジネスへと繋げている。また、ビジネスによって得られる利益が複数になるように工夫を施している。常に未来を見据え、新たなビジネスを展開しているラフバラ大学から学ぶべき点は多い。

写真解説（第2章3）
　ラフバラ大学でキャンプを張っていた、ラグビーユニオンおよびリーグのイングランド代表チーム。スポーツ科学を駆使したウエイトトレーニング場、広大で静かな環境に位置する芝のグラウンド、そして一流のホテルが揃っているからこそ、代表チームがキャンプを行うことにつながっている。
　マンチェスターユナイテッド・アカデミーと大学サッカー部との試合は、話題作りにはよい材料となった。

【注】
1) グラスルーツの普及、タレントのパスウェイ作成、イングランドにおける国営宝くじの助成金の分配を主な業務としている。
2) イーストミッドランド開発局はラフバラ大学のあるイーストミッドランド地域の産業振興と雇用促進を目的として、1999年に設置された。
3) 1994年に設立された登録チャリティー団体。学校を中心として若者のスポーツ参加促進を実施している。
4) チームGB（英国代表選手団）が2012年ロンドンオリンピックの事前キャンプとしてラフバラ大学を使用した時に設置されたコート。
5) SDCには、施設担当副部長とパフォーマンス担当副部長の2名がいる。
6) ラグビーの種類は大きく3つに分けられる（ユニオン、リーグ、セブンス）。日本で一般的な15人制のラグビーをユニオンと呼んでいる。
7) ラグビーリーグは、スクラムやモール、ラックの密集状態を排除し、ゲームに流動性を持たせたラグビーの一種である。人数は13名で行う（ユニオンは15名で実施される）。
8) 4年ごとに開催される、イギリス連邦に属する国と地域が参加して行われる総合競技大会。2014年大会は、スコットランドのグラスゴーで7月23日〜8月3日に開催された。

第 2 章　ラフバラ大学のビジネス戦略　　57

ラグビーリーグ イングランド代表キャンプ地

女子ラグビーチーム

ラフバラ大学 vs マンチェスター・ユナイテッド アカデミー（スタジアム開所式）

4つ星ホテルのバーレイコート

ラグビーユニオン イングランド代表キャンプ地

ラグビーユニオン イングランド代表キャンプ地

【参考文献】

ESPRIT，http://ubimon.doc.ic.ac.uk/esprit/m827.html
ナイキアカデミー，http://www.lboro.ac.uk/service/publicity/news-releases/2011/97_Nike-Academy.html
ラグビーリーグワールドカップ，http://www.rlwc2013.com/world_cup
ラフバラ大学，http://loughboroughsport.com/blog/2012/10/12/manchester-united-fixture-honours-loughborough-great/
ラフバラ大学，スポーツ工学研究所，http://sti.lboro.ac.uk
ラフバラ大学，スポーツパーク，http://www.sportpark.org.uk

◇第3章◇
ヨーロッパのスポーツ戦略

1. 地域密着型のスポーツ

　2014年2月23日、ロシア初の冬季「ソチオリンピック」は、17日間にわたる大会に幕がおろされた。当地で開会式および競技などを視察したが、スタンドの空席が目立っていた。一方、2012年ロンドンオリンピックに日本選手団として参加した筆者は、各競技のスタンドがほとんど満員であったことに驚きを隠せなかった。前大会2008年北京大会、2004年アテネ大会との比較から「なぜ、ロンドン大会は満員なのか？」の思いを持っていた。英国で暮らす中で、これらの答えの一端が地域のコミュニティに根づいているスポーツ文化にあるのかもしれないという思いを強めてきた。ここでは、地域密着型のスポーツに注目してみたい。

レスタータイガース
　英国は、サッカー、ラグビー、ゴルフ、テニス、ポロ、競馬、カーリングなど、幅広いスポーツの発祥地としても有名であり、各地域においてスポーツ文化を育んでいる。その中でもサッカーは世界で最も成功している。英国のプレミアリーグの利益はスペインのリーガエスパニョーラ、イタリアのセリエA、ドイツのブンデスリーガを押さえてNo.1の収益力を誇り、ビジネスとしても成熟している。ラグビーはサッカーに続く人気を誇るスポーツであり、地域にも根づいている。両者の特徴は、それぞれプロリーグがあり、ホーム＆アウェイ制でリーグ戦を展開している点である。中でもプレミアシップは、イングランドラグビーユ

ニオンのトップに位置する12チームによるリーグである。

　ラグビーにはユニオンとリーグという2つの種類がある。日本や世界的に多くの国でプレーされているのは、ユニオンである。

　英国内の各地域（ロンドン、ニューカッスル、バース、レスターなど）にはそれぞれホームクラブがあり、ホームゲームには地域の住民が応援に駆けつける。その観客層は老若男女を問わず、それぞれが試合とスタジアムに来る事を楽しんでいるように見受けられる。

　日本でもJリーグが発足20年を経過し、ようやく地域密着型スポーツの兆しが見えてきた。しかし本当に根づかせるためには、Jリーグだけでなく、企業、行政、そして住民からなるコミュニティの成熟が不可欠であることは言うまでもない。

　ラフバラ大学の所在地である英国中東部のイーストミッドランド地域には、レスタータイガースという英国のプレミアシップに所属する人気のラグビークラブがある。クラブの創設は1880年までさかのぼり、プレミアシップの初代チャンピオンである。イングランド代表チームにも長年にわたり選手を輩出しており、イングランドが優勝した2003年第5回ワールドカップでは、7名の代表選手を派遣している名門強豪クラブである（ラフバラ大学卒業生のベン・ケイ／Ben Kay もその一人）。また、この時のイングランド代表監督はタイガースOBで、ラフバラ大学卒業生のクライブ・ウッドワード（Clive Woodward）である。

誰もが楽しめる場の設定

　タイガースのホームゲームがある日は、レスター駅からスタジアムまでクラブのTシャツ、ジャージ、帽子、マフラーなどを身につけた老

若男女の長蛇の列が続く。サッカーとの大きな違いは、女性と子どもの観戦が多いことである。

　現在、ホームのウェルフォード・ロードスタジアムは、増改築を繰り返し、収容人数が約30,000人となっている。試合時間前からスタンド下のコミュニケーションバーで、大人はビールを飲みつつタイガースの話題で盛り上がる。子どもたちは、その隣に設置された専用のスペースで試合までの時間を過ごすことができるようになっている。スタジアムでは、大人と子どもを同時に楽しませる施設を作り、歴史を重ねる。将来その子どもたちが、コミュニケーションバーでビールを片手に我がクラブを語る未来を想像することができる。

　タイガースが地元に愛される理由としては、以下の点が大きな要因として考えられる。それは、地元の30マイル（約50km）圏を主とした出身選手で強化してきたことがクラブとしてのアイデンティティをなしてきたことである。実際に地元ジュニアクラブで育成された選手がレギュラーの中心となっている。このことは、地域に根づいたクラブを育成する上で重要な項目の一つである。さらに、そのクラブが強いことは、観客動員にも繋がると同時に、地域コミュニティのシンボルとしての役割を果す可能性も十分に考えられる。

　スタンドでは、車椅子用の観客席が最前列に広くとられている点も目についた。英国はパラリンピック発祥の地であり、パラリンピックの強化にも力を入れていることはよく知られている。2012年ロンドン大会では、連日どの競技も満員となる盛況ぶりであった。BBCもオリンピック同様に、インターネットで全試合を中継し大成功した。このことと、英国各地のラグビー競技場などで培ってきた障がい者への配慮（車椅子

用の観客席など）とは、何らかの因果関係があるかもしれない。その意味からも地域において障がい者と健常者が、ラグビークラブを通して一緒に応援し楽しむ意義は大きい。

最先端のスポーツ医科学機能

　英国には、間違いなくスポーツを文化と捉えているコミュニティがある。そのコミュニティには、自分たちが応援しサポートするクラブがある。そのクラブはコミュニティに力を与えるべく日々競技力向上に努めている。さらにクラブには、有能なタレント（才能のあるヤングアスリート候補）を発掘し育成するシステムも構築されている。その中で、日々のトレーニングはスポーツ医科学の裏付けの基できっちり管理されている。ハードトレーニングの後のリカバリーにも様々な工夫が施されており、何よりそれをクラブが強制するだけでなく、アスリート自身が自ら進んで行う風習も、レスタータイガースやラグビーイングランド代表チームのトレーニングキャンプから感じられた。

　レスタータイガースのクラブハウスは、スタジアムから車で約5分の場所にある。練習用のグラウンドが2面あり、最新の設備を整えたトレーニング＆アカデミーセンターとクラブハウスが隣接する。コンディショニング関係の機器としては、2012年ロンドン大会選手村のポリクリニック（大型診療所）にも設置されていた体重負荷を軽減できるランニングエルゴメーター、交代浴、各種のマッサージルーム、リハビリ室、その他、最新の医療機器などが完備され、アスリートは安心してハードトレーニング後のリカバリーを実施できる施設が整っている。トレーニング内容についても、モチベーションを上げるための目標値の設定が工

夫され可視化されている。このようにスポーツ文化を支えるスポーツ医科学の導入も整っている。

　また、試合の合間のトレーニング日には熱心なサポーターが見学にくる。そのサポーターたちは、レギュラー選手たちがアカデミーに所属していた若手の頃からよく知っているケースが多く、手を抜くプレーには練習といえども厳しい言葉が飛ぶ。良質な地元ファンがグッドアスリートを育成する良い例であろう。

各地域のスポーツ文化を支える拠点としてのスタジアム
　英国サッカーのプレミアリーグは、参加チーム20で構成される人気のリーグであり、実力もスペインのリーガ・エスパニョーラと並び世界最高峰レベルと言われている。リーグの形態、収益性を含めて一概に比較することはできないが、ラグビーとの大きな違いの一つは、英国籍の選手比率が少ないことが挙げられる。プレミアリーグの2013-14シーズンにおける6強クラブの英国選手の割合は30.45％であった。一方、他国リーグの自国選手の割合は、バルセロナ（80％）、レアルマドリッド（56.5％）、バイエルン・ミュンヘン（53.8％）であり、これらと比較してもプレミアムリーグの自国選手の割合が低いことがわかる。

　クラブは地域密着型であり、ホームゲームには多くの地元ファンがスタジアムに足を運び声援を送る。さらに、注目すべきは、試合のない日に開催しているスタジアムツアーである。このスタジアムツアーは、ラグビーの聖地と言われているティッケナム・スタジアム、サッカーイングランド代表チームのホームであるウェンブリー・スタジアムでも実施されている。

実際に訪問したのは、エミレーツ・スタジアム（アーセナル・ホーム）、オールド・トラッフォード（マンチェスターユナイテッド・ホーム）、クレイヴン・コテージ（フルハム・ホーム）、スタンフォード・ブリッジ（チェルシー・ホーム）、ウェンブリー・スタジアム、ティッケナム・スタジアム、そしてアイルランドのラグビーとサッカーの両協会が所有するアビバ・スタジアムの7つであった。
　スタジアムツアーは基本的にスタンド、ロッカールーム、記者会見場、レストランなどを回り、最後にクラブのグッズショップで終了となる。ツアーの案内は、それぞれクラブの専門職員がスタジアムに関してのエピソードを交えて説明し、参加者を飽きさせない（エミレーツ・スタジアムではレコーダーによる説明）。フットボール（ラグビー、サッカー）専用のスタジアムは、ファンとの距離や導線を含めてよく考えられている。また、各スタジアムには一流ホテルが隣接しているのも特徴の一つであった。
　コンディショニングという観点から、エミレーツ・スタジアムとアビバ・スタジアムのシャワールームの大浴場は注目に値した。一般的に浴槽での入浴をしない英国人が、試合後のリカバリーとして入浴を実施するのは興味深い。さらに、マッサージルームの広さとベッドの多さも各スタジアム共通であった。もちろんこの他にも、スタジアムツアーでは見られない多くの秘密があることは否めない。
　また、マンチェスターユナイテッドのオールド・トラフォードでは、便利な場所に特別に車椅子専用の入口が設置され、配慮がいきわたっていることを感じさせた。さらにマンチェスターユナイテッド障がい者サポーターズ協会が設立されている点も注目すべきである。

これらを総合的に考えても、日本ではまだまだ根づいていないスタジアム文化が英国には確かに存在し、様々な形でファンを大切にする風土が感じられた。また当然であるが、スタジアムツアーを実施しているところは、所属チームの競技力が高いのが特徴である。日本の新国立競技場が競技以外での収益を上げて行くためには、世界と対等に戦える競技力の高い代表チームの存在も必須であろう。

まとめ
　英国では、地域密着型のラグビーやサッカーのクラブがコミュニティにおけるスポーツ文化の育成に寄与している可能性が高く、2012年ロンドン大会の成功が偶然ではないことが理解できる。

ラフバラ大学 OB で2003年ラグビーワールドカップ優勝メンバー ベン・ケイ

キッズエリア

スタンド下のパブ

車椅子用の最前列

レスタータイガース・クラブハウス内

トレーニング＆アカデミーセンター

第3章 ヨーロッパのスポーツ戦略　69

アビバスタジアム・バスルーム

写真解説（第3章1）
　ラグビーのレスタータイガースには、ラフバラ大学の卒業生が多く所属してきた。中でもワールドカップ優勝メンバーのベン・ケイは有名選手である。地元の試合には、町の内外からファンがスタジアムを目指して押し寄せる。
　スタンド下のパブでは試合開始まで団らんが続く。その横にはキッズエリアが設置されている。英国はパラリンピック発祥の地であり、障がい者スポーツにも理解が深い。そこで多くのスタジアムでは車椅子用のスペースが広く準備されている。
　レスタータイガースのクラブハウスは、数面のグラウンドを始め、最新の医科学機器を揃えている。また、アイルランドのアビバスタジアム（ナショナルスタジアム）には、コンディショニングを考慮した大浴場が設置されている。

2. 国際カンファレンス戦略

　2014年は、スポーツのメジャーイベントが多いシーズンであった。2月には、ロシア・ソチで「第22回冬季オリンピック」、「第11回冬季パラリンピック」が開催された。6月には、ブラジルにおいて「2014サッカーワールドカップ」が開催された。7月にはスコットランド・グラスゴーで「第20回コモンウェールスゲームズ」[1]が開催された。さらに、9月には「第17回アジア競技大会」が韓国・仁川で開催された。その他、競技によっては世界選手権を毎年開催しているところもあり、競技に関わるアスリート、コーチ、その他スタッフはコンディショニングを整え、本番に最高のパフォーマンスを発揮することが求められる。

　一方、大会招致にも多くの関係者の戦略があり、競技とは別の戦いが繰り広げられていた。ここでは、筆者が参加した招致に関係する国際カンファレンスと、国際連合（United Nations. UN）などの世界の動向に焦点をあてて情報を提供したい。

IOC主催の国際カンファレンス

　一般的にあまり知られていないが、国際オリンピック委員会（International Olympic Committee, IOC）は、オリンピック・ムーブメントの下で様々な形によるスポーツを通してオリンピックの理念を広めている。IOC主催の国際カンファレンスの開催もその一つである。最も大きなカンファレンスは、2009年に開催されたIOCオリンピック・

表2　2020年東京オリンピック・パラリンピック決定までの経緯

年　月	内　容	場　所
2011年5月	IOCによる開催都市決定までのプロセスを発表	スイス・ローザンヌ
2011年9月	立候補申請書提出／立候補都市決定（バクー、ドーハ、イスタンブール、マドリット、ローマ、東京）	スイス・ローザンヌ
2011年11	IOCによる立候補都市へのインフォメーションセミナー開催	スイス・ローザンヌ
2012年2月	IOCへ申請ファイル提出（概要計画）	スイス・ローザンヌ
2012年4月	立候補都市による初プレゼンテーション／各国オリンピック連合（ANOC）	ロシア・モスクワ
2012年5月	IOCによる1次選考（東京、マドリッド、イスタンブール2次選考へ）	カナダ・ケベックシティー
2012年7月	第124次総会にてJOC竹田会長がIOC委員に就任	イギリス・ロンドン
2012年7～9月	ロンドンオリンピック・パラリンピック開催	イギリス・ロンドン
2013年1月	立候補ファイル提出（詳細な開催計画）	スイス・ローザンヌ
2013年3月	IOC評価委員会による立候補都市視察	東京、マドリッド、イスタンブール
2013年4月	15th IOC World Conference on Sport for All	ペルー・リマ
2013年5月	立候補都市プレゼンテーション／スポーツアコード	ロシア・サンクトペテルブルク
2013年6月	3rd International Forum on Sport for Peace and Development	アメリカ・ニューヨーク
2013年6月	IOC評価委員会の報告書公表	スイス・ローザンヌ
2013年7月	テクニカルブリーフィング（開催計画説明会）／IOC臨時総会	スイス・ローザンヌ
2013年7月	第15回世界水泳選手権	スペイン・バルセロナ
2013年8月	第14回世界陸上競技選手権大会	ロシア・モスクワ
2013年9月	最終プレゼンテーション　開催都市決定・2020東京大会／第125次IOC総会	アルゼンチン・ブエノスアイレス

コングレス[2]で、これまで13回開催されている。原則的には8年に1度開催し、今後のオリンピック・ムーブメントの方針について議論する。参加するのは、IOC関係者、国際競技連盟、各国オリンピック委員会、国連などの関係機関、メディアなどである。ここでの提案を受け、IOC

はその後の方針や具体的な事業を決定していくことになる。

その他、2011年4月には、スイス・ジュネーブにおいて「第9回IOCスポーツと環境に関する国際会議」がIOCと国連環境計画によって開催された。

2012年11月にオランダ・アムステルダムで開催された「第8回IOCスポーツ・教育・文化世界会議」では、会長のジャック・ロゲ（Jacques Rogge）が「社会をよくするための手段としてのスポーツの可能性を余すところなく使うためのアイデアを共有する大切な機会である」などの開催宣言をした。この会議は、次世代の若者を主役として、スポーツの教育的および文化的な力を再確認する場として実施された。前回の開催は、2010年に南アフリカ・ダーバンでユネスコとのパートナーシップにより実施された。前回、今回ともにカンファレンスのキーワードの一つが「ユース」であり、2010年から開催されているユースオリンピックゲームズ（Youth Olympic Games, YOG）との関係性も深い。

これらのカンファレンスは、前述の通りオリンピックの理念を広める目的があるのは言うまでもない。ただヨーロッパ諸国は、この場をうまく使って様々な戦略を展開して自国が優位に国際競技大会において戦えるように人的なネットワークを構築している点も見られた。

国際カンファレンスと各国のオリンピック招致活動

2013年9月のIOC総会において東京は決戦投票で60票を獲得しイスタンブール（36票）を破って、2020年オリンピック・パラリンピック開催を獲得した。しかし、その招致活動については、一般的にあまり知られていない。

各立候補都市の招致委員会が、投票権を持つ IOC 委員と直接接触できる機会は限られている。その中で IOC が主催するカンファレンスは、効率よく多くの IOC 委員と会える場である。様々なプレゼンテーションと表彰などの合間には、必ずティータイムおよびランチタイムが入る。さらに、オープニングセレモニー、クロージングパーティーは、社交の場であり、多くの IOC 委員と接触する格好の場である。

　2013年4月24日〜27日、南米のペルー・リマにて、第15回 IOC スポーツフォーオール世界カンファレンス（The 15th IOC World Conference on Sport for All）が開催された。企画者は IOC のスポーツフォーラム委員会（IOC Sport for All Commission）である。主催者である IOC からは、当時のジャック・ロゲ会長を始めとする約35名の IOC 委員が参加していた。つまり、このカンファレンスは、2020年オリンピック・パラリンピック招致のロビー活動の重要な場でもあったことが理解できる。イスタンブール、マドリッド、東京の各招致委員会のメンバーが南米ペルーに集結して、2020年大会の招致に向けてロビー活動を激しく繰り広げていたのである。

IOC と国際連合

　2013年6月5日〜6日、アメリカ・ニューヨークの国際連合（UN）本部にて、第3回平和と開発のためのスポーツ国際フォーラム（The 3rd International Forum on Sport for Peace and Development）が開催された。参加者は、各国政府系機関スタッフ、非政府組織（Non-Governmental Organizations, NGO）スタッフ、大学関係者、各競技団体などであった。もちろん、IOC 委員も多く参加していた（約30名）。

ここでも各国の招致委員会がロビー活動を続けていた。

このカンファレンスには、もう一つ大きな意味があった。スポーツを通した社会開発は、IOCジャック・ロゲ前会長の在任期間の重要な方針の一つであり、そのためにはUNとの強固な関係の構築が必要であった。

その中でUNは、2009年の総会でIOCを正式なオブザーバーとして認定した。UNは、2000年に掲げたミレニアム開発目標達成（2015年）に向け、スポーツを通したサポート活動をIOCに求めたことになる。

カンファレンスの冒頭にIOCは、UN事務総長のパン・ギムン（Ban Ki-moon）の功績を讃えて表彰を行った。この年の9月に退任したジャック・ロゲ会長がパン・ギムンUN事務総長へ感謝を表した形であった。去り行く者として、自らの方針を示す意味でもUN本部でのカンファレンス開催は大きな意味があったのかもしれない。

一方UNがスポーツの価値を認め、その可能性を示す一つとしては、国連開発と平和のためのスポーツ事務局（United Nations Office on Sport for Development and Peace, UNOSDP）を設置したことが挙げられる。UNOSDPは、スポーツを通したミレニアム開発目標達成のために「貧困と飢餓の撲滅」、「ジェンダー平等推進と女性の地位向上」、「エイズ・マラリア・その他の疾病の蔓延の予防」、「環境の持続可能性確保」、「開発のためのグローバルなパートナーシップの推進」などへの広範囲にわたるプロジェクトを実施している。その役割は、スポーツ団体、市民社会、スポーツ選手、民間部門の参加を通して、スポーツと開発の世界を1つにまとめることである。UNOSDPの、国連事務総長特別顧問はウィルフリード・レムケ[3]（Wilfried Lemke）氏で、2008年か

ら担当している。

　UNOSDPは、「ユース・リーダーシップ・キャンプ」を主催し、開発途上国のリーダーの育成を行っている。このプログラムが2015年初めて日本で開催されたことを知る人は多くない。UNというと何か遠い存在のようにも思えるが、スポーツを通すことで身近に感じることができるのも大きな意義である。また、2014年からUNOSDPへ日本スポーツ振興センターが職員を派遣（2年間）したことは、スポーツを通した新たな国際貢献という意味からも大きな一歩と言えるであろう。

まとめ

　ヨーロッパに居住していると、多くのIOCカンファレンスに容易に参加することができる。各カンファレンス自体から受ける生の情報は、多くの示唆を与えてくれる。ただヨーロッパ諸国の人々は、それだけでなくカンファレンスの場を活用して自国に有利になる戦略をロビー活動やランチ、ディナーを交えたミーティングをセットして展開している。日本のスポーツ関係者はこのことを学び、多くの国際カンファレンスに戦略を持って参加することが必要である。さらに、2020年東京大会を大きな変革の機会として、戦略的な国際カンファレンスの日本招致を積極的に実施することが重要となる。

第8回IOCスポーツ・教育・文化世界会議

会議の合間のロビー活動

第15回IOCスポーツフォーオール世界カンファレンス

第3回平和と開発のためのスポーツ国際フォーラム

写真解説（第3章2）

　世界の各国都市で開催されているIOC主催の国際会議。会議の合間にはロビー活動が頻繁に行なわれているのも特徴の一つである。

第3章 ヨーロッパのスポーツ戦略　77

3. メジャーイベント招致戦略

　2020年東京オリンピック・パラリンピック開催が決定し、ようやく組織委員会の陣容も固まった。開催まで5年を切った現在、東京が最も参考にする大会は2012年ロンドン大会であることは間違いないであろう。2012年ロンドン大会は多くの成功の要因が語られている。その一つがメジャーイベント招致戦略である。ここでは、ロンドンおよび世界のメジャーイベント招致戦略に着目したい。

スポーツアコード国際会議
　2014年4月6日～11日にトルコ・アンタルヤで第12回スポーツアコード国際会議（Sport Accord Convention）が開催された。この総合国際会議は、スポーツアコードの主催によって開催されている。日本ではスポーツアコードについて広く知られていないが、その実態は国際競技連盟の連合体であり、大変重要な位置づけとなっている。国際オリンピック委員会（IOC）に加盟する競技団体だけでなく、それ以外の国際競技連盟（非オリンピック競技団体）、および夏季オリンピック国際競技連盟連合（ASOIF）、冬季五輪国際競技連盟連合（AIOWF）、国際パラリンピック委員会、スペシャルオリンピックス、ワールドゲームズ、ワールドマスターゲームズ、ユニバーシアードなどの総合団体も多く加盟している。
　スポーツアコード国際会議は、スポーツアコードに加盟する団体が一

同に会して各理事会や総会が開催されるほか、多くのイベントも実施される総合国際会議であり、2003年から毎年開催されている。期間中にはIOCの理事会も行われている。

　スポーツアコード国際会議を最もわかりやすく説明すれば、スポーツ版モーターショーと言えるであろう。幕張メッセのような広大な展示施設を会場として、国際競技連盟、各国オリンピック委員会、各国政府系スポーツ機関、企業、国、都市などがブースを出して自組織を売り込む場である。各ブースでは多くのビジネスが展開されており、各組織が様々な戦略を持って臨んでいる。その中には、スポーツのメジャーイベント招致も含まれている。

　たとえば今回の会議では、いち早くトルコのスポーツ大臣が2024年オリンピック・パラリンピック招致に関するスピーチを行った。このように2020年オリンピック・パラリンピック招致に失敗した政府が、メジャーイベント招致を通して国や都市を国際社会に広報していく狙いもある。

　筆者が参加した2013年度のスポーツアコード国際会議は、ロシア・サンクトペテルブルクで開催され、世界中の注目を浴びた。その理由は、国際オリンピック委員会（IOC）に関する3つの話題のためであった（①次期IOC会長選挙　②2020年オリンピック・パラリンピック招致　③2020年オリンピック追加実施競技候補ショートリストの発表）。さらに、スポーツアコード会長選挙が実施されたことも、世界のスポーツ界が注目した要因であった。結果は、国際柔道連盟（IJF）会長のマリウス・ビゼール（Marius Vizer）氏が、国際ラグビー連盟（IRB）会長のベルナール・ラパセ（Bernard Lapasset）氏を大差で破り、第5代会長

となった。

　会場では、国際競技団体や総合団体以外にも、各国都市および企業の戦略を垣間みることができた。オランダはアムステルダム、ロッテルダム、ハーグなどの複数の都市が連合体として経費を負担し、ブースを出展していた。デンマークは政府系スポーツ組織、デンマークオリンピック委員会などが共同でスポーツ・イベント・デンマークとして参加していた。ユニークであったのは、国や都市の広報をするだけでなく訪問者の意見を巧みに吸い上げる仕組みを設えていた点であった。ベルリンやケベックは都市として単独での出展であった。いずれも国、都市、競技団体、企業などがそれぞれの思惑の中でスポーツというフィールドを活用し、利益を上げるために戦略を展開していた。

　日本は、2013年度スポーツアコード国際会議に初めて独立行政法人日本スポーツ振興センター（JSC）と一般社団法人 日本スポーツツーリズム推進機構（JSTA）による共同のブースを出展した。2014年度も連続で出展し、世界への情報発信の場を継続したことは、2020年東京大会に向け大きな意義があったと考えられる。

スポーツを通した都市広報戦略

　スポーツアコード国際会議のイベントの一つとして"Ultimate Sport City（最も魅力あるスポーツ都市）"の表彰がある。2014年、この賞を2013年に引き続き受賞したのは、英国・ロンドンであった。2013年度の受賞は、2012年ロンドンオリンピック・パラリンピックの成功からも当然の結果であったであろう。しかし2年連続の受賞は、国としての戦略が明確であったことを示すものであり、2020年東京大会を開催する日本

表3　ロンドンおよび英国開催予定のスポーツイベント（2014〜）

2014	ウィンブルドンテニス選手権（毎年開催）
	ツール・ド・フランス（自転車ロード）
	ワールドトライアスロンシリーズ ロンドン大会
	コモンウェールス・ゲームズ（スコットランド）
	テコンドーGrand Prix 2014
	ITF 車いすテニス シングルマスターシリーズ
2015	ラグビーワールドカップ
	ユーロホッケー選手権
	ヨーロッパ水泳選手権
	カヌースラローム世界選手権
2016	自転車トラック世界選手権
2017	世界陸上競技選手権

2014.05.06現在
http://www.uksport.gov.uk/pages/gold-events-series/ より

として参考にするべきであることは間違いない。

　Ultimate Sport City を受賞したロンドンを支える組織として、政府系政府外組織の UK スポーツがある。UK スポーツは、公的資金を4〜8年でメダルを獲得する可能性の高いスポーツ競技団体及びアスリート個人に分配し、トップ選手の強化・育成を支援する事業を戦略的に展開している。エリートスポーツに関わるいくつかの事業を実施しているが、その1つにゴールドイベントシリーズという事業があり、2012年ロンドン大会前から継続している事業である（表3）。事業内容は国際大会の招致活動支援であり、2012年ロンドン大会のハード面のレガシー（遺産）の使用も目的の一つである。

その他の国におけるメジャーイベント招致戦略

　世界の中では、メジャーイベント招致を戦略的に展開している国も少なくない。前述のスポーツアコード国際会議では、英国以外にもオーストラリア、カナダ、フィンランド、アゼルバイジャン、シンガポールなどが国策としてメジャーイベントを招致しようとしていることが理解できた。

　その中でもアジアのシンガポールの取組みは、国家戦略として注目していく価値がある。2010年に初開催となったIOC主催の第1回夏季ユースオリンピックゲームズ（YOG）[4]で、一躍脚光を浴びたシンガポールは、戦略的にメジャーイベント招致を展開している。2009年には、YOGの前哨戦としてアジアユースオリンピックゲームズを開催した。2010年はYOGを開催し大成功を収めた。その他、ネットボール世界選手権、自動車レースのフォーミュラワン（F1）などの招致に成功している。さらに2015年春には、Sport Hub[5]を設立し、この完成により世界レベルの競技大会を招致する基盤をさらに整えることになる。続いて、2015年6月には、第28回 東南アジア競技大会（SEA Games）が開催された。また、メジャーイベントの成功には、自国アスリートの活躍が不可欠である。そのためシンガポールでは、スポーツのエリート校であるシンガポール・スポーツ・スクールを開設していることも見逃せない点である。

まとめ

　スポーツのメジャーイベント招致は、都市や国の広報面からも有効であることがロンドンやシンガポールの例からも理解できる。2020年東京

大会開催決定を機に日本においても複数の競技団体がメジャーイベント招致に成功している。しかし、重要なことは国として総合的な戦略の下で招致を行い開催していくことである。

　メジャーイベント招致は、ジュニアアスリート、医科学スタッフおよびボランティアの育成・強化に活用できる点にも着目する必要がある。さらに、国民のスポーツへの関心度を向上させるとともに、スポーツの持つ可能性を広く紹介していく機会でもある。

写真解説（第3章3）
　スポーツアコード国際会議は、国際スポーツ競技団体の見本市であり、その様相は幕張メッセや東京ビッグサイトで開催されている各種の見本市を連想させるものである。
　また、多くの会議も開催される。2013年のスポーツアコード国際会議では、2020年オリンピック・パラリンピック招致のプレゼンテーションが実施された。

第3章　ヨーロッパのスポーツ戦略　83

2013年スポーツアコード国際会議1

2013年スポーツアコード国際会議2

2013年スポーツアコード国際会議3

2013年スポーツアコード国際会議4

2013年スポーツアコード国際会議5（JSCブース）

2013年スポーツアコード国際会議6

【注】
1) 英国連邦に所属する53の国と地域が4年ごとに競い合う総合競技大会。
2) 不定期に開催されている会議で、開催日および開催場所の決定は IOC が行う。
3) レムケ氏は、サッカーブンデスリーガの SV ベルダー・ブレーメンのジェネラルマネージャー（GM18年間）および同市のスポーツ、教育担当省を歴任した。
4) 14歳〜18歳を対象としたユースのオリンピック競技大会。特徴の一つとして全日程に参加が必須であり、参加したユースアスリートは競技のほかに、文化・カルチャープログラムなどへの参加が義務づけられている。
5) 湾岸沿いに建設されているスタジアムを中心とした総合スポーツ施設。

【参考文献】
国際オリンピック委員会，http://www.olympic.org/news/new-york-forum-closes-with-call-for-an-international-day-of-sport/200359
国際連合広報センター，http://www.unic.or.jp/activities/economic_social_development/social_development/science_culture_communication/sports/
佐々木康『英国ラグビーとクラブ組織』p19、創文企画、2007年。
J スポーツ，http://www.jsports.co.jp/press/article/N2013091114434902.html
スポーツアコード，http://www.sportaccord.com/en/
文化社会青年省，http://www.mccy.gov.sg/Topics/Sports/Articles/28th_SEA_Games_8th_ASEAN_Para_Games.aspx
ロンドンアンドパートナーズ，http://www.londonandpartners.com/media-centre/press-releases/2014/140410

第4章
国際スポーツ組織の戦略

1. ワールドラグビーのスポーツ戦略

　ヨーロッパでは、スポーツに関する様々なカンファレンスが頻繁に行われている。内容は、スポーツビジネス、スポーツフォアオール、アスリートのデュアルキャリア、スポーツインテグリティ、スポーツと国際開発など多岐に渡る。主催者は国際オリンピック委員会（International Olympic Committee, IOC）を始めとした様々な組織である。その中には、国際競技連盟（International Federation, IF）が主催するカンファレンスもある。多くのIFは、国際オリンピック委員会（IOC）に加盟している。IFはIOCと歩調を合わせつつ、独自の戦略も推進している。ここでは、IFの主催するカンファレンスに着目して、そのスポーツ戦略の一端を紹介したい。

ワールドラグビーの戦略
　世界におけるラグビーの統括団体である国際ラグビーボード（Intternational Rugby Board, IRB）は、世界の急速なスポーツビジネスの動向に対応するべく、2014年11月に名称をワールドラグビー（World Rugby, WR）とした。ここでは新名称であるワールドラグビーを用いて、その取組みを紹介していく。本部はアイルランドのダブリンにあり、その歴史は1886年にスコットランド、ウェールズ、アイルランドの3カ国のラグビー協会により設立されたことに始まる。その後、イングランドの加盟やフランスを中心とした国際アマチュア・ラグビー連盟と

の統合を経て、1997年に現在の組織へと至っている。

　ラグビーは長い間アマチュアスポーツの代表的な役割を担ってきた。しかし時代の流れに沿った各国のプロフェッショナル化にともない、アマチュア色が薄れていった。

　その時代背景の中でワールドラグビーは、1987年に開催したラグビーワールドカップの成功により、世界への普及とともにプロフェッショナル化への道筋をつけることに成功した。現在ラグビーワールドカップは、オリンピックおよびサッカーワールドカップに次ぐ人気のイベントへと成長した。さらに、ワールドラグビーはオリンピック競技（7人制）への復帰を戦略的に実施し、2016年リオデジャネイロ・オリンピックより正式競技として認められた。これらの結果、ワールドラグビーへの加盟協会数（国・地域）は、118（2015.07.27）となり、着実に加盟国数を増やしてきている。

　さらに、2019年のラグビーワールドカップ日本大会の開催決定は、日本の開催意欲とマーケットを広くアジアに求めたいワールドラグビーの思惑が一致した結果と言えるであろう。アジアへの進出は、ワールドラグビーが策定した『STRATEGIC PLAN 2010-2020』における到達加盟協会数の205を達成するためにも必要不可欠な戦略である。

　ワールドラグビーがこの10年計画を推進していくためには、国際オリンピック委員会（IOC）との連携を含めて世界をマーケットにしたビジネス展開が不可欠である。そこで、ワールドラグビーは新たな試みとして、2013年11月にワールドラグビーカンファレンス＆エキビジョンを開催した。

第4章　国際スポーツ組織の戦略　89

ワールドラグビーカンファレンス＆エキビジョン

　ワールドラグビーは、2013年11月に第1回ワールドラグビーカンファレンス＆エキビジョン（World Rugby Conference and Exhibition，2年に1回／総会を含む）を開催した。ワールドラグビーカンファレンス＆エキビジョンは前節でも紹介したようにスポーツアコード国際会議（Sport Accord Convention）を運営しているビジネス会社 Red Torch[1]により企画運営が行われている。

　第1回の催しは、アイルランド・ダブリンのバルズブリッジホテルで2013年11月16日〜20日に実施された。参加者の総数は約600名であった。ワールドラグビー関係者、ワールドラグビー加盟協会関係者、スポンサー、メディア、大学関係者、政府系組織、一般来場者など多くの人々が参加した。バーナード・ラパセ（Bernard Lapasset）会長を始めとしてオレガン・ホスキンス（Oregan Hoskins）副会長、ブレッド・ゴスパ（Brett Gosper）CEO などワールドラグビー幹部が精力的に各カンファレンスおよびエキビジョンを回り、懸命に成功へと導こうとする姿が印象的であった。

　また、展示されていたポスターなどからも、IOC との連携により新しいマーケットを広げていこうとしている戦略の一端を垣間みることができた。オリンピックの持つ影響力と開発途上国への競技の展開方法は、間違いなくワールドラグビーの目標達成に大きなサポートとなるであろう。

　さらに、2015年ラグビーワールドカップ事業部長のキット・マッコーネル（Kit McConnell）氏が、2014年2月より IOC スポーツディレクターに就任したこともワールドラグビーにとっては戦略推進上大きなメ

リットと言えるであろう。

カンファレンス内容

　注目すべきカンファレンス内容としては、『ラグビーのオリンピック参入』『国際競技大会招致・開催運営』などがあり、地元アイルランド出身のIOC理事パトリック・ヒッキー（Patrick Joseph Hickey）氏、IOCの各国オリンピック委員会（National Olympic Committee, NOC）リレーションズのトシオ・ツルナガ（Toshio Tsurunaga）氏、そして前述のキット・マッコーネル氏がパネリストになっていたことからも明らかにIOCを意識していることが理解できた。

　また、国際スポーツカンファレンス戦略としてユニークであったのは、アジアにおいてラグビービジネス上、日本のライバル（セブンズ市場の開拓）[2]となる可能性があるシンガポールの行動であった。シンガポールのスタッフは、各カンファレンスにおいて自国をアピールする質問をすることでワールドラグビーに対して売り込みをかけ、存在感を示していたのが印象的であった。国際スポーツカンファレンスにおいて、講演者、シンポジストなどとして存在感を示すことはもちろん重要であるが、質問者として存在感を示すことも重要な戦略の一つであることが理解できた。この点を含めて日本は、2020年東京大会に向けた総合戦略を策定して世界へ日本市場を売り込むことが重要であり、そのための担当組織と部門およびスタッフの養成も視野に入れて推進していく必要がある。

　早朝にもかかわらず満員の聴衆を集めたのは、2012年ロンドンオリンピック組織委員会会長のセバスチャン・コー（Sebastian Coe）氏のセッ

ションであった。大会成功とレガシーに言及して2012年を振り返るとともに、オリンピックに復活したラグビーセブンスの魅力について語り、参加者を引きつけていた。さらに、2012年ロンドン大会の経験を活かした2020年東京大会への協力についても言及していた（2020年東京大会の調整委員会のメンバーとして）。この一連の様子を最前列で見つめ、何度も大きく頷くラパセ会長が印象的であった。

　ユーモアを交えて理路整然と熱く2012年ロンドン大会を振り返るコー氏には、大会を成功させ英国・ロンドンを世界中に売り込んだ自信が漲っていた。2020年東京大会までの5年間は、日本を世界に売り込む最大の機会である。そのことを意識した日本としてのトータル戦略を策定し推進していくことが必要不可欠であることを改めて考えさせられた。

日本の取組み

　スポーツアコード国際会議に引き続き日本スポーツ振興センター（JSC）は、日本ラグビー協会、ラグビーワールドカップ2019組織委員会と共同でブースを出展した。その目的は、国際スポーツ界における日本のプレゼンス（存在感）を高めることであった。今回は具体的な事業として大きく3つを実施していた。

　1つは、新国立競技場の広報活動であった。iPadによる映像での説明とパネル展示を併設した試みは参加者の興味をひいていた。具体的には、スタジアムのデザインが斬新であり入場者の目をひいていたことと、来場者には映像を通じて具体的なイメージを持たせることができていた点が大きいと思われた。2つ目はラグビーワールドカップ2019に関する広報活動であった。これまで、日本で開催された世界選手権などの

広報活動を競技団体以外が展開していた事例は少ない。しかし、2020年東京大会開催決定を境として、国を挙げて各競技のメジャーイベント招致および開催に取組むことは大きな意義がある。その意味からも、スポーツ関係の独立行政法人が競技団体と連携して日本を売り込むことは必然の流れと言えるであろう。英国の取組みの成功例を参考にして、2020年に向けてさらに推進する必要がある。

　3つ目は来場者とのネットワーキングであった。これまでの日本のスポーツ界は、諸外国とのネットワークが少なく、国際情報が入ってこない状況が長く続いた。そのため多くの不利益をフィールド内外で受けてきたことは多くの事例からも理解できる。その意味からもこのような機会を利用して多くのネットワークを結ぶことは重要であり、戦略構築および推進上も不可欠であると考えられた。

　その他、オリンピックを専門に取り扱うメディアであるアラウンド・ザ・リングス[3]やスポーツカル[4]なども会場内で取材を実施していた。今後日本は、これらのオリンピックメディアとの関係を良好に築いていくことも広報戦略という観点から重要となるであろう。

まとめ

　ヨーロッパの中で活動していると、ラグビーという競技が特別な意味合いがあることを強く感じた。しかし、そのラグビーですら、世界を意識した戦略を次々と考え推進していかなければ取り残されてしまう危機感を抱いている。まさに戦略なき組織は生き残れないことが示唆されていた、第1回ワールドラグビーカンファレンス＆エキビジョンであった。さらに、第2回ワールドラグビーカンファレンス＆エキビジョン

第 4 章　国際スポーツ組織の戦略　　93

第1回ワールドラグビーカンファレンス

オリンピックソリダリティの説明ポスター

ラグビーワールドカップの優勝カップ

オリンピック関係者を交えたカンファレンス

セバスチャン・コー氏

コー氏の話に聞き入るラパセ会長

展示場に設置されたJSCブース

展示場に設置されたJSCブース

2015年ワールドカップブース（英国大会）

参加している企業等のブース

展示場横のメインラウンジ

第 4 章　国際スポーツ組織の戦略　95

は、2015年ラグビーワールドカップ開催地である英国ロンドンで2014年11月に開催された。

写真解説（第 4 章 1 ）

　ワールドラグビー（WR）主催の2013年の国際カンファレンスは、WRオフィスがあるアイルランドで開催された。ワールドカップ優勝トロフィーも展示されていた。さらに、2012年ロンドンオリンピック・パラリンピック組織委員会会長で現英国オリンピック委員会会長のセバスチャン・コー氏による講演も行われた。

　また、ブースエリアではラグビー関係のマテリアルの紹介、各国ラグビー連盟、スポーツ用品メーカー、大学などがブースを設置して広報活動を展開していた。

2. 世界レスリング連合のスポーツ戦略

　2013年2月、夏季オリンピックの中核をなす25競技が国際オリンピック委員会（IOC）より発表され、レスリングが除外競技となった。世界レスリング連合（当時は国際レスリング連盟 FILA／現 UWW）は、設立以来最大の危機を迎えた。ここでは、世界レスリング連合（United World Wrestling, UWW）がオリンピック競技として存続するまでの迅速な対応と戦略実行の過程について、国際競技団体を取巻く状況を含めて紹介する。

最大の危機
　2013年2月12日にスイス・ローザンヌにおいて、IOCの理事会が開催され、夏季オリンピックの中核競技（25競技）が発表された。この中でレスリングは、オリンピックの実施競技から外れることが決定した。この報道は世界中を一気に駆け巡り、多くの物議を醸した。
　IOCの発表によれば、「人気、国際性、男女の選手の比率など評価項目に沿って厳正な審査に基づき理事会で協議した。最終的には議長のロゲ会長を除く14名の理事による投票で決めた」とされている（表4）。この結果、2016年リオデジャネイロオリンピックからレスリングが実施されない可能性が大きくなった。IOCジャック・ロゲ会長のコメントでは、「時代に合ったスポーツを五輪競技として実施していく」という方針に則って25競技を選出したとされている。

表4　2013年2月12日当時のIOC理事会メンバー

	役職	名前	国名	出身競技	備考
1	会長	ジャック・ロゲ	ベルギー	セーリング	投票せず
2	副会長	セルミャン・ウン	シンガポール	セーリング	
3	副会長	トーマス・バッハ	ドイツ	フェンシング	
4	副会長	ナワル・エル・ムータワキル	モロッコ	陸上	
5	副会長	クレイグ・リーディー	イギリス	バドミントン	
6	理事	ジョン・コーツ	オーストラリア	ボート	
7	理事	サム・ラムサミー	南アフリカ	水泳	
8	理事	グニラ・リンドバーグ	スウェーデン	ボブスレー＆リュージュ	
9	理事	ウー・チンクオ	チャイニーズタイペイ	バスケットボール	
10	理事	ルネ・ファゼル	スイス	アイスホッケー	
11	理事	パトリック・ジョセフ・ヒッキー	アイルランド	柔道	
12	理事	クラウディア・ボーケル	ドイツ	フェンシング	
13	理事	フアン・アントニオ・サマランチ・ジュニア	スペイン	近代五種	
14	理事	セルゲイ・ブブカ	ウクライナ	陸上	
15	理事	ウィリィ・カルシュミット・ルハン	グアテマラ	ボクシング、テコンドー	

　ただし、2016年リオデジャネイロオリンピックで実施されるのは26競技であり、中核競技ではないが、最後の一枠に入ることができればオリンピック競技として存続することになる。このことは重要な点であった。多くのメディア報道が飛び交う中で、UWWは大きな岐路に立たされた。

　レスリングの歴史は古く、紀元前776年から行われた古代オリンピックおよび1896年に開催された第1回近代オリンピック競技大会（アテネ）からも実施されている伝統競技である（1900年パリ大会は除く）。この伝統競技が存続の危機になった背景には、IOC内の政治が大きく

関与していると言われている。当初中核競技から除外される可能性が高かった競技は、テコンドーと近代五種であった。事前の段階でも世界中の多くのメディアは、近代五種とテコンドーが除外競技の有力候補であると伝えていた。その中で、近代オリンピック発祥時から主要競技として伝統を守ってきたレスリングが外れることを予想していたものは少ない。

これらの背景の中で情報戦を制したのは、テコンドーと近代五種であった。いち早く状況を察知した両協会は、水面下で国際ロビー活動を展開した。テコンドーは、IOC の TOP（The Olympic Partner）5)スポンサーであるサムスンと朴槿恵（パククネ）大統領らが IOC へのロビー活動を繰り返したことを、多くのメディアが報道している。もう 1 つの除外候補であった近代五種は、同連盟の副会長であるアントニオ・サマランチ・ジュニア（Juan Antonio Samaranch Jr/IOC の理事）が、IOC 内において巧みなロビー活動を実施したと言われている。彼は IOC の第 7 代会長である故アントニオ・サマランチ（Juan Antonio Samaranch）の息子であり、故サマランチネットワークを巧みに活用したことがうかがえる。

これらの結果から浮かび上がるのは、IOC という組織の実態と、その組織内（サロン）で繰り広げられるロビー活動という特殊性である。スポーツは健全で、ルールに則って実施されるものである。しかし、そのスポーツを取り巻く状況は、今回の件でサロン内での外交と政治的な配慮なしでは生き残れない実態が改めて明らかになったと言えるであろう。

一方レスリングは、IOC に強固なネットワークを持たない国際競技

第4章　国際スポーツ組織の戦略　99

表5　2020オリンピック競技存続までの動向（レスリング）

期間(2013年)	内　容	場　所
2月12日	国際オリンピック委員会理事会にてオリンピック中核競技25が発表／レスリング除外候補	スイス・ローザンヌ
2月16～17日	国際レスリング連盟（FILA）理事会にて新体制発足	タイ・プーケット
4月17日	FILAがTSEコンサルティング（世界的なスポーツコンサルタント会社）と契約	スイス・ヴェヴェ
5月18日	FILA臨時総会開催（111／177カ国参加）ネナド・ラロビッチ会長代行（セルビア）が新会長に決定	ロシア・モスクワ
5月29日	IOC理事会／スポーツアコード2020オリンピック実施競技候補決定（レスリング、野球＆ソフト、スカッシュ）	ロシア・サンクトペテルブルク
9月8日	第125次IOC総会（9月6日－10日）	アルゼンチン・ブエノスアイレス

団体である。IOC委員が、UWWの理事および加盟国の会長にいない。そのためIOC理事会の中での動向を把握することができなかった可能性が高い。

オリンピック競技存続までの戦略と実行

　2013年2月12日のオリンピック中核競技決定後の予定は、オリンピックでの採用を目指す、7競技（野球＆ソフトボール、水上スキー・ウエークボード、空手、スカッシュ、スポーツクライミング、ローラースポーツ、武術太極拳）とレスリングが残りの1枠について競い合うことになった。まず、5月29日のIOC理事会（ロシア・サンクトペテルブルク）において、数競技（この時点で詳細は不明）が候補となった。その後9月のIOC総会（アルゼンチン・ブエノスアイレス）で決定されることになった（表5）。

　オリンピック中核競技の除外報道後、レスリングの強豪国では相つい

で様々な表明がメディアを通して報道された。例えばアメリカでは、3月下旬に上院においてレスリングの除外勧告を覆す法案を可決し、ロシアではプーチン大統領がロゲ会長との会談を予定し、インドでもスポーツ省がIOCに働きかけ、アジア・オリンピック評議会（Olympic Council of Asia, OCA）のシェーク・アハマド（Sheikh Ahmad Al-Fahad Al-SABAH）会長もレスリングの復帰に対してエールを送るなど、各国の有力者がレスリングのオリンピック競技復帰への声明を発表した。

また、UWWは2月15日に理事会を開催し（タイ・プーケット）、10年5カ月続いた第6代会長のラファエル・マルティニティー（Raphael Martinetti）を11対10で不信任とした。この後、ネナド・ラロビッチ（Nenad Lalovic）を会長代行に選出し、IOCの指摘に対して改革を進めていくこととなった。

情報収集と分析

オリンピック中核競技からの離脱という事態は、突然の出来事であり、UWW理事会および事務局もまったく知らなかった。2月上旬筆者の知人がUWW本部を訪問して会長および副会長らと懇談をしている。この時にもまったくこの話題は出なかったと聞いている。

IOCのプログラム委員会は各オリンピック大会終了後に、各競技の評価をしている。その評価を基にして最新の評価基準を作成し、大会招致決定時の参考資料としている。当時の最新の評価基準は、8つあり項目は39あった（2020年大会評価用）。前回の2016年大会招致を決定するための評価基準も同じく8つあり、項目は33あった。2つの評価基準に

第4章　国際スポーツ組織の戦略　101

表6　IOCプログラム委員会作成のオリンピック大会評価基準の比較
（2020年大会と2016年大会）

	2020年大会用の基準	2016年大会用の基準
1	General（一般）	History & Tradition（歴史と伝統）
2	Governance（自治）	Universality（一般性）
3	History and tradition（歴史と伝統）	Popularity of sport（スポーツの人気）
4	Universality（一般性）	Image - Environment（イメージ、環境）
5	Popularity（人気）	Athletes' Health（アスリートの健康）
6	Athletes（アスリート）	Development of the IF（IF 改革）
7	Development of the IF / Sport（スポーツの開発、IF の開発）	Costs（費用）
8	Finance（財務）	General（その他）
詳細項目	39項目	33項目

IF : International Federation（国際競技連盟）

　時代背景を加えて比較することで、IOCが求めている方向性を確認することができる（表6）。

　これらの情報に加えて自競技に関する情報収集と分析は必須であり、その分析に加えてIOC委員へのヒアリングおよび関係者から収集した情報を基に競技の改善を行うことは当然である。さらに、2009年に開催されたIOCオリンピック・コングレス[6]を参考に、IOCの方向性を確認した上で、自競技の方向性を修正することも忘れてはならない。

　今回の中核競技からの離脱は、会長を始めとしたUWW上層部の情報収集・分析力が問われた結果とも言えるであろう。

　日本では、福田富昭会長が2月15日にタイ・プーケットへ行く前に、筆者が上記のことを踏まえたレポートを提出した。その一端を以下に紹介したい。

　レポートの内容は、簡潔である（詳細は不掲載）。

Ⅰ．UWW 改革案　　5 項目
Ⅱ．広報戦略案　　3 項目
Ⅲ．状況分析　　　5 項目

　特に広報戦略では、IOC の批判を絶対にしないことが重要であり、批判は UWW 以外から起こってくることが最も大切だと考えた。ただし、このレポートを福田会長が参考にしたかどうかは定かでない。また、UWW の理事会において提案が行われたとしても、どの程度効力があったかは確認をしていない。重要なことは、意思決定者が最大の危機の中で情報（提案および分析）を持って意思決定の場に臨むことである。当時、意思決定者に情報を渡すことが必要であったことは言うまでもない。

IOC 総会での決定

　UWW は 5 月 18 日、ロシア・モスクワで 177 の加盟国のうち 111 ヶ国が参加して臨時総会を開催した。その中で新会長（7 代）にネナド・ラロビッチ（Nenad Lalovic）会長代行（セルビア）の就任を決めた。さらに新ルールの採用、憲章改定などを決定した。この直前の改革は、5 月 29 日にロシア・サンクトペテルブルグで行われる国際オリンピック委員会（IOC）理事会に向けた UWW のアピールであったことは間違いないであろう。

　2013 年 5 月 26 日～ 31 日に、ロシア・サンクトペテルブルクでスポーツアコード国際会議が開催された。この中で、IOC 理事会が開催され、3 つの案件が話し合われた（①次期 IOC 会長選挙　②2020 年大会招致

③2020年オリンピック追加実施競技候補ショートリストの発表)。

　UWW は、吉田沙保里（日本）を緊急派遣して、スポーツアコード国際会議においてロビー活動を展開した。吉田は、国内での世界選手権予選が間近に控えた中で積極的に IOC 委員と接触していたのが印象的であった。

　オリンピック競技存続への第一次予選となる 5 月29日、IOC 理事会において、2020年オリンピックに実施される競技の最終候補としてレスリングを選出した。他に野球＆ソフトボール、スカッシュが残った。この結果、レスリングの存続決定は、9 月に開催される IOC 総会となった。

　2013年 9 月 6 日〜10日にアルゼンチン・ブエノスアイレスで第125次 IOC 総会が開催された。この中で IOC は、2020年東京オリンピックで実施される最後の 1 競技にレスリングを選んだ。この結果、2024年オリンピックでの実施も自動的に決まった。当日の IOC 委員の投票数は95票。この内レスリングは49票、野球＆ソフトボールは24票、スカッシュは22票という結果であった。第 1 回の投票でレスリングが過半数を獲得し、レスリングのオリンピック存続が決定した。

　2013年 2 月12日に始まったレスリングにおけるオリンピック競技存続の戦いは、一応の終結を迎えた。この一連の過程は、2 つのことを浮き彫りにさせた。1 つは IOC という組織の混迷性である。最高決定機関であるはずの理事会決定がわずか数ヶ月で覆されるという事態は、今までの IOC にはなかったことである。15名の密室の理事会で決定した内容に対して、総会がノーを突きつけたことは、今後も大きな意味を持つことになるであろう。

2つ目は、UWW という組織が良くも悪くも改革されたことである。レスリングという古代オリンピックから継承されている競技が伝統だけでは残れないことが明らかになったのは大きな意味があり、IOC の求める方向性に向かって改革が進んだことは評価されるであろう。ただ、一部で言われているようなロシア圏主導にならないように、外部の目を入れた上で組織のガバナンス（統治）を強化していくことも忘れてはならない。

まとめ

今回の一連の過程から、非メジャー国際競技団体である世界レスリング連合（UWW）がオリンピック競技として存続していくためには、様々な情報収集と分析に基づく戦略を常に持ち、IOC の方針と時代に沿った組織改善に努めていく必要性が明らかになった。

第 4 章 国際スポーツ組織の戦略　　105

スイス・ヴェヴェにある UWW 本部

UWW 理事室

UWW 本部内の中庭のオブジェ

UWW 記者会見（スポーツアコード国際会議）

写真解説（第 4 章 2）
　スイス・ヴェヴェの小高い丘にある UWW 本部は、昔の城を改築したオフィスである。理事室では各種の重要事項が審議されてきた。中庭は広く、湖を見下ろせる。歴代の会長の石碑や、レスラーのオブジェがある。今回の一連の騒動を経て、UWW のオフィスはヴェヴェから IOC 本部のあるローザンヌに移ることが決定している（2015 年 4 月）。

2013年のスポーツアコード国際会議で、オリンピック実施競技の最終決戦まで残ったUWW主要メンバーによる記者会見が行われた。

3. スポーツにおける人材の還流

　スポーツにおいて日本と欧米諸国の大きな違いの一つに人材の還流がある。欧米諸国では、多くのスタッフが転職を繰り返してしていくことは珍しくない。これまで政府系政府外機関[7]に勤めていた者が競技団体、企業、大学などに転職することも多々ある。また、その逆も少なくない。一方、日本では転職に対する抵抗が、まだまだ社会全体にあるように見受けられる。スポーツにおいても例外ではなく、組織間の人材還流はほとんどない。そこで、ここではヨーロッパにおけるスポーツの人材還流に焦点をあてて情報を提供したい。

人材の宝庫であるUKスポーツ
　UKスポーツは英国における政府系政府外機関の一つであり、その役割はエリートスポーツの政策を執行することである。設立の背景は、1996年に開催されたアトランタオリンピックでの英国選手団のメダル獲得の低迷による（金メダル1個、銀メダル8個、銅メダル6個：合計15個）。これを受けて1997年にUKスポーツは、国庫補助と宝くじの収益により、トップスポーツに関わる政策を執行する機関として設立された。
　UK Sportに対して「成果主義」という批判も少なくないが、UKスポーツは各競技団体への資金配分をトップスポーツへの公的資金投入をともなうビジネスと捉えている。投資先である競技団体には、目標達成

のためのプランを作成させた上でコンサルティングを行い、成果を上げるためのコミュニケーションを繰り返し行うことも実施している。もちろん成果を達成できない競技団体は、予算の大幅な削減が行われている。つまり、ビジネスの世界では一般的なことを、UK スポーツは実施しているに過ぎない。スポーツだけが特別だという考えは公的資金を投じている以上、通用しないのが当然である。

　2012年ロンドン大会当時、UK スポーツには7つの部門があった。その中で最も重要であったのがハイパフォーマンス部門であり、そのトップはピーター・キーン（Peter Keen）（現ラフバラ大学スポーツ推進戦略部部長）であった。彼の経歴は、大学教員、英国自転車連盟パフォーマンス・ディレクター、UK スポーツパフォーマンス・ディレクター、ラフバラ大学スポーツ・デベロップメント・センター スポーツディレクターと変遷している。さらに、2014年8月には、ラフバラ大学スポーツ推進戦略部部長（Director of Sport Advancement and Strategy）に昇格している。また、UK スポーツの元 CEO であるジョン・スティール（John Steele）がピーター・キーンの前役職であるラフバラ大学スポーツ・デベロップメント・センター スポーツディレクターに2014年11月就任した。このことからも、英国におけるラフバラ大学の重要度を垣間みることができる。UK スポーツという政府系政府外機関において重責を担っていた2名が、一大学のスポーツ部門のポジションに就くことは日本で考えられないことからも理解できる。

　次に紹介するのは、国外からの転職組である。UK スポーツハイパフォーマンス部門・パフォーマンスソリューションに所属していたマット・ファイバー（Matt Favier）は、現在オーストラリアスポーツ国立

研究所（Australian Institute of Sport, AIS）[8]の所長であり元々はオーストラリアの出身である。

　また、現在ハイパフォーマンス部門の副ディレクターのチェルシー・ウォー（Chelsea Warr）は元 AIS スタッフであり、同じくオーストラリア出身である。ハイパフォーマンス部門・研究開発（R&I）で多くのマテリアル開発などに携わり、この分野をリードしてきたスコット・ドローワー（Scott Drawer）は、2014年1月にイングランド・ラグビー協会（Rugby Football Union, RFU）に転職した。現在、メジャーイベント・国際連携部門のディレクターで、2012年ロンドン大会後も多くのメジャーイベントを英国に招致するとともに、各国際競技連盟や国際オリンピック委員会との連携を推進しているサイモン・モートン（Simon Morton）は、元国際バドミントン連盟（International Badominton Federation, IBF）のマーケティング部門の主任であった。そして、最後に紹介するのは、2012年ロンドン大会時における UK スポーツ理事長のスー・キャンベル（Sue Campbell）である。現在、英国の上院議員でありユース・スポーツ・トラスト（Youth Sport Trust, YST：登録チャリティー団体）[9]の理事長でもある。

　このように多くのユニークな人材が UK スポーツを通して転職を繰り返し、キャリアアップへと繋げていることが理解できる。もちろんこれらのトップ層だけでなく、一般スタッフを含めて人材の循環が国内外を含めて行われている。

公的機関としての公募制度
　政府系政府外機関として UK スポーツでは、スタッフの公募がイン

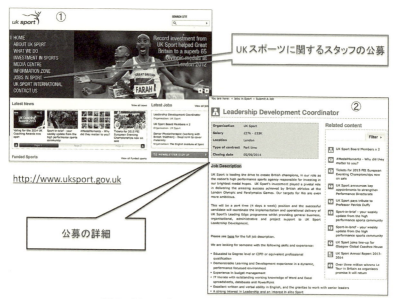

図2　UKスポーツホームページ上の公募

ターネットなどを通じて行われている。実力主義のUKスポーツでは、国籍、性別、宗教などに関係なく実力があれば採用され、主要なポストに就いて成果を上げている。

　スタッフの公募については、基本的にホームページ上に掲載されている。ホームページ上のJOBS IN SPORTをクリックすると現在公募中の詳細が表示され、勤務地、職務内容、応募方法、雇用機会均等に関する事柄などが記載されている。特に職務内容については詳しく記載されている（図2）。

　英国では公的機関における説明責任を徹底している。そのため公募も

公平公正に実施されることが原則となっている。ただ、特例がない訳ではない。どの組織においても必要不可欠な人材は存在する。必要な人材を、トップが直接交渉することは当然あるであろう。この点はUKスポーツも例外ではない。

　また、UKスポーツのホームページ上では、公的機関らしく英国内の他のスポーツ関係の公募も掲載している。英国ではスポーツという分野の職域について、国を挙げて支援しようとしている姿勢がうかがえる。

　UKスポーツでは中長期戦略に基づいて業務を執行している。その中で必要な人材を選別し、適材適所に配置していくことが求められている。最良の人材はスポーツ界だけにいるのではない。そのため各界から必要な分野の専門家を広く公募する制度が必要であることは言うまでもない。UKスポーツは、インターネットなどを活用した公募制度を通じて、必要な人材を国内外から確保している可能性が高い。

コモンウェールスゲームズと人材の還流

　2014年7月23日〜8月3日、第20回コモンウェールスゲームズがスコットランド・グラスゴーで開催された。この大会は、4年ごとに英国連邦に所属する国と地域が参加して開催されている。今大会は英国連邦に属する71の国および地域が参加し、17競技261種目で熱戦を繰り広げた。オリンピックとの大きな違いは、実施競技と種目である。基盤となる競技・種目10の他、開催国・地域が得意な競技・種目を最大7まで選択できる。

　現在、オリンピック、パラリンピック、コモンウェールスゲームズともにエリートスポーツでの戦いには、多くのサポートスタッフを導入し

ていることが知られている。トップアスリートに的確なコーチングを行うコーチ、戦術を支えるアナリスト、スポーツ医科学面からサポートする各種スタッフ、アスリートおよびチームを総務面から支えるスタッフなどがトップスポーツに関わっている。

　視点を変えれば総合競技大会は、アスリートを支えるスタッフのスカウトの場でもある。自国のアスリートやチームの力を向上させるために必要なスタッフを揃えることは必要不可欠である。自国に必要なスタッフがいなければ、国籍を問わず求人を出すことが一般的であると言えるであろう。

　その意味からコモンウェールスゲームズは、スタッフをスカウトする格好の場であると考えられる。コモンウェールスゲームズは英国連邦諸国の大会であり、共通言語（英語）の問題もクリアーされている。この点もオリンピックやパラリンピックとの違いの一つである。

　また、今大会は初めてプログラム上、オリンピックとパラリンピックが融合して実施された大会であった[10]。このことは、今後のオリンピックとパラリンピックの実施にも影響を与えていく可能性が考えられる。

まとめ

　英国では、スポーツの政府系政府外機関が国籍などに関係なく広く人材の公募を行っている。さらに、転職も日常的であり、人材の還流が公的機関、大学、企業などの間で頻繁に行われている。また、英国を始めとしたコモンウェールスゲームズ参加諸国では、人材の還流が広く実施されている可能性が高い。

　これらのことから欧州諸国などでは、人材の還流によってスポーツ関

第4章　国際スポーツ組織の戦略　　113

UKスポーツオフィス 2014.07

UKスポーツとのミーティング 2013.06

UKスポーツとのミーティング 2013.06

2014コモンウェールスゲームズ（7sラグビー）

2014コモンウェールスゲームズ（スカッシュ）

2014コモンウェールスゲームズ（マラソンの観客）

2014コモンウェールスゲームズ（陸上1）

2014コモンウェールスゲームズ（陸上2）

2014コモンウェールスゲームズ（陸上3）

2014コモンウェールスゲームズ（ネットボール）

2014コモンウェールスゲームズ（グラスゴー中央駅）

係者のキャリアアップと組織の充実が図られている可能性が考えられる。

写真解説（第4章3）
　UKスポーツと日本スポーツ振興センター（JSC）は、2013年6月に、Memorandum of Understanding（MOU／覚書）を結んだ。UKスポーツは、日本だけでなく多くの国や国際連盟などとミーティングを開催し、英国の優位性を保つための戦略を推進している。
　2014年7月に移転したUKスポーツの新しいオフィスは、大英博物館の近くにある。
　2014年のコモンウェールスゲームズは、スコットランドのグラスゴーで開催された。この大会では、オリンピック実施競技以外のネットボールやスカッシュも実施されている。

【注】
1) スポーツアコードや国際水泳連盟（FINA）などを顧客として持っている。http://www.redtorch.co
2) ワールドラグビー公認の7人制ラグビーのワールドシリーズ。毎年11月～5月にかけて9カ国で持ち回りにより実施されている大会。アジアからは、日本と香港が入っている。シンガポールも開催を計画している。
3) オリンピック関連のニュースを専門にネット配信している会社。http://www.aroundtherings.com/site/1/Home
4) スポーツイベントや広報を主業とする会社。オリンピック関連のニュースも得意分野。

http://www.sportcal.com/Home/Default.aspx
5) IOCにおけるオリンピックにおける最高位のスポンサー契約。
6) オリンピック・コングレスの招集は、IOCの決定にもとづいてIOC会長が行う。
7) 日本の独立行政法人にあたる組織。
8) 1981年に設立されたオーストラリア・キャンベラにある政府系政府外組織。スポーツ医科学研究と実践面からアスリートをサポートするとともに、アスリートやコーチの養成も実施している組織。
9) 子どもの体育・スポーツに関する政策を実行する機関。
10) 各競技・種目実施上、オリンピックとパラリンピックが混在している。例えば、陸上競技プログラムにおいてオリンピックの100mの後にパラリンピックの投擲が入る等。

【参考文献】

国際レスリング連盟，2013.06.01，http://www.fila-official.com/index.php?lang=en

コモンウェールスゲームズ，http://www.commonwealthgames.com

日本レスリング協会，http://www.japan-wrestling.jp/2013/09/08/38514/

UKスポーツ，http://www.uksport.gov.uk/jobs-in-sport

ワールドラグビー，2015.07.27，http://www.worldrugby.org

ワールドラグビー，2015.07.27，http://www.worldrugby.org/member_unions#

ワールドラグビー，2015.07.27，http://www.worldrugby.org/strategic_plan

おわりに──2020年東京オリンピック・パラリンピック開催に向けて

　これまで英国のスポーツにおける拠点大学とヨーロッパにおけるスポーツ組織の戦略について、情報を提供してきた。この中からトップスポーツ（特にオリンピック）に関する一定の方向性を垣間みることができた。
　そこで、ここではそれらを基に日本のスポーツ界がとるべき方針などについて考えてみたい。

2020年東京オリンピック・パラリンピックに向けて
　現在、2020年東京オリンピック・パラリンピック大会の成功に向けて着々と準備が進んでいる。この中でこれまでの大きな流れについて整理をした上で方向性を確認しておくことは重要である。
　今回の東京大会招致が成功したのは、間違いなく2016年招致の経験が大きな要因の一つである。日本オリンピック委員会（Japanese Olmpic Committee, JOC）は、2006年8月に2016年招致の国内候補地に東京を決定した（福岡市との決戦により）。その後、2007年9月の国際オリンピック委員会（International Olympic Committee, IOC）への立候補により7都市（シカゴ、マドリッド、リオデジャネイロ、東京、プラハ、ドーハ、バクー）による熾烈な招致競争が繰り広げられた。その結果、招致が決定したのは2009年10月にデンマーク・コペンハーゲンで行われ

た第121次IOC総会であった。様々な分析が多くの関係者や有識者によって語られた。その中で東京の最大の敗因を整理してみると2つの側面が浮き彫りとなってくる。1つは表層的な部分として、支持率の低さと明確な政府の財政保証が無かったことである。2つ目は深層的な部分として、日本のスポーツ界における国際的なネットワークの欠如と戦略を一元化して実行する体制がなかったことである。

　これらのことから日本は、破れたものの2016年大会招致という機会を通じて新たなネットワークと情報、そして貴重な経験を得たことは間違いなかったと言えるであろう。

　その後2011年4月、石原都知事（当時）が2020年大会招致に東京が立候補することを表明した。ただ、前回の経験から国を挙げての支援と実行体制が必要であることは明らかであった。

　そのためには国家戦略として大会招致に取組むという法的な根拠が必要であった。もちろんスポーツに関する法律は、大会招致のためだけに立案されるものではない。ただ、2020年東京大会招致は、日本という国をさまざまな面から変えられる大きな起爆剤となる可能性を秘めていたことは間違いない。

　その中で2011年6月にスポーツ基本法が、50年ぶりにスポーツ振興法を全面改訂される形で成立した。この流れを受け2012年3月にスポーツ基本計画が策定され、今後10年間のわが国のスポーツに関する計画が整った。この計画は、5年を目処に見直されることが記載されている。ただ見落としてはならないのは、策定された時期には2020年東京大会招致が決定していなかった点である。そのためスポーツ基本計画には、2020年東京大会に関する具体的な方策の記載がない。

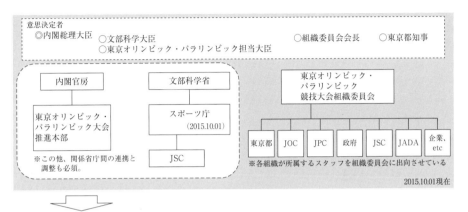

図3　2020年東京オリンピック・パラリンピック関係行政組織図

　2014年2月、2020年東京大会の組織委員会が設置され、陣容もほぼ固まってきた。組織委員会は、東京都、JOC、日本障がい者スポーツ協会日本パラリンピック委員会（Japanese Paralympic Committee, JPC）、政府、経済界、その他関係団体と共にオールジャパン体制の中心となり、大会の準備および運営に関する事業を行うことになっている。
　一方、国を挙げて2020年東京大会を成功させようとの考えから、政府は2013年10月内閣官房に「2020年東京オリンピック・パラリンピック大会推進室（内閣オリパラ室）」を設置した。内閣オリパラ室は設置当時、2020年東京大会に関する省庁間の連携を推進する役割を期待されていた。その中で、2015年の通常国会で成立したオリンピック・パラリン

ピック特別措置法案の成立にともない、オリンピック・パラリンピック担当相が新たに誕生することとなった。その結果、内閣オリパラ室は東京オリンピック競技大会・東京パラリンピック競技大会推進本部へと発遷的解消された。新たに誕生した推進本部は、人員が100名規模となることが予想されている。

さらに、2015年の通常国会では、スポーツ庁が文部科学省の外局としてわが国のスポーツ行政を一元的に担う組織として設立されることが決定した。正式な設置は同年10月1日であった。

これらを踏まえて、2020年東京大会に関わる組織を正確に把握し、課題を明確にした上で解決していくことが重要となる（図3）。

最も必要なスポーツ団体の改革

2013年2月、下村文部科学大臣が「日本スポーツ史上最大の危機である」とスポーツ指導者による暴力事件について危機感を表明した。その後も相次ぐ競技団体の不正が続いたことはよく知られている。これらの一連の競技団体や統括団体の不正の根底にあるのは、フルタイムスタッフとボランティアスタッフの混在にあるように見受けられる。

日本はスポーツ組織が競技団体および統括組織ともに、一部を除いてほとんどが脆弱である。統括団体について見てみると、日本スポーツ振興センター（Japan Sport Council, JSC）は独立行政法人として一定の資金とスタッフを揃えて事業を展開している。一方、JOCのように年々国際競技大会への派遣事業などが増大している統括団体や財源の乏しい競技団体は、事務職員以外に有給でのスタッフを抱えることができない場合が多い。このため多くの事業は、外部の者が委員会、部会などのメ

ンバーとなって、ボランティアとして無給で実施している。そのため一般的に責任の所在が不明確であり、事業実施後の結果に対する評価および説明責任があやふやとなっている。

　英国を始めとした欧州諸国を視察した中で感じたことは、競技団体、統括組織ともにプロフェッショナルとしてフルタイムで仕事を推進し、国の支援に頼るだけでなく、自らが主体としてビジネスを展開しているという点であった。そのため結果に対する説明責任と評価が一体となって進められていることが理解できた。

　このことを含めて2020年東京大会の成功を考えた場合、日本の中で最も変わらなければならないのは統括団体とともに競技団体である。

2020年東京大会でスポーツを通した社会開発は終わらない

　2020年東京大会の成功はわが国の国際社会に対する約束であり、そのために国を挙げて一丸となって成功のための事業を実施することは、我々の義務であり使命である。ただそれと並行して、新しいスポーツの制度を設計することも忘れてはならない。

　2015年4月に各省庁の予算案が公開された。文部科学省のスポーツ予算を詳細にみていくと、今後の方向性を読み解くことができる。対前年度で34億円増額されていることから来年以降も準備のために予算額を増やしていくことが予想される。予算内容を精査することを含めて考えておくべき点は、2020年東京大会まではスポーツ予算が増え続ける。しかし、2021年以降もスポーツ予算は増加していくのだろうか（図4）。答えはノーであろう。現在の国の借金は1,000兆円を超え、さらに増え続けている。この中で2020年東京大会後もスポーツ予算が増え続けること

区　分	平成26年度予算額	平成27年度予算額	対前年度増減額	増減率
スポーツ関係予算	255億円	290億円	△34億円	13.5%

○2020年オリンピック・パラリンピック東京大会の開催、成功に向け、選手強化費の充実や国立霞ヶ丘競技場の改築を着実に実施するとともに、オリンピック・パラリンピック・ムーブメントの推進によるスポーツを通じた地域活性化などに取り組み、スポーツ立国の実現を目指す。

2020年までは予算は増え続ける。
その先も増え続けるのか？

文部科学省平成27年度予算案資料より作成
図4　2015年度スポーツ関係の概算要求から見えるもの

はないと考えるのが妥当であろう。

　なお、概算要求時のスポーツ予算（540億円）は文科省と財務省との折衝の末、前年度比34億円増の290億円で2015年1月に閣議決定された。ここでも行政内部での掛け引きが、行われたと予想される。

　これらのことを踏まえて新しいスポーツ界の制度設計をしていくことが求められている。

　2020年東京大会の成功は、スポーツ界の使命であることは言うまでもない。しかし、並行して2021年以降もスポーツを通した社会開発に寄与できる体制の整備を考えていくことも忘れてはならない。

世界のスポーツ界の最新動向

　2014年12月国際オリンピック委員会（International Olympic

Committee, IOC）は、トーマス・バッハ（Thomas Bach）会長の下で初となる長期方針「オリンピック アジェンダ2020」を発表した。その内容の構成は、サスティナビリティ（持続可能性）、クレディビリティ（信頼性）、ユース（若者）の三つを基軸とした40の提言によってまとめられている。その中で大会招致ルール、開催ルールの改革は大きなポイントの一つである。

　大会開催関係では、参加選手数10,500名、実施種目310の上限を明確にしたことで2020年東京大会およびそれ以降の招致へのさまざまな影響も考えられる。

　今回の長期方針発表には、バッハ会長の欧州諸国を始めとしたオリンピック・ムーブメント（オリンピック精神推進運動）の影響力低下に対する危機感も考えられる。さらに、前ジャック・ロゲ会長体制との差別化を明確に示したいとの思いも見え隠れしている。

　2015年5月スポーツアコード（SportAccord）のマリウス・ビゼール（Marius L. Vizer）会長がIOCのオリンピック アジェンダ2020を批判したことが発端となり、主流加盟団体の離脱が相次ぎ会長を辞任した。新しい会長にはフランチェスコ・リッチビッティ（Francesco Ricci Bitti）国際テニス連盟会長が就任し、一段落となった。

　これら一連の動向から日本が、世界のスポーツ界において存在感を示していくためには2020年東京大会が一つの分岐点になることは間違いない。

まとめ
　今後日本では、オールジャパン体制での2020年東京大会成功と、2021

年以降の永続的なスポーツを通した社会開発ができる制度設計を総合的にデザインすることが求められている。

【参考文献】
2020東京オリンピック・パラリンピック競技大会組織委員会，http://tokyo2020.jp/jp/organising-committee/index.html
内閣官房，http://www.cas.go.jp/jp/seisaku/tokyo2020/
文部科学省，http://www.mext.go.jp/a_menu/yosan/h27/1351663.htm

あとがき

　ラフバラ大学を拠点とした英国における2013年4月から2014年3月までの生活は、とても大きな刺激を受けることができると同時に、これまでにない有益な情報に触れ多くの有識者と会う機会を提供してくれた。中でもイアン・ヘンリー教授とのディスカッションは、何物にも代えがたい貴重な時間であった。

　さらに、スポーツディレクター（当時）のピーター・キーン博士とのディスカッションは、お互いの考えを探り合う緊張感に溢れたものであった。その後、彼が大学のスポーツ推進戦略部門の部長となったことは当然の結果であり、そのことは彼とのコミュニケーションから十分に予想できた。

　ラフバラ大学は、2015年秋にロンドンキャンパスを開校した。ロンドンを拠点として新たにラフバラマフィアが欧州全土、そして世界へと輩出されていく未来が創造できる。

　今後もラフバラ大学で得た情報を有効に活用し、また彼らとのネットワークを大切にしてスポーツを通した未来をデザインしていく事業に関与していきたい。

　私たちは2020年に東京オリンピック・パラリンピックを開催する。ホスト国としてスポーツを通して世界中の人々を楽しませると同時に、日本に勇気と希望を与えるアスリートやチームをサポートする使命がある。そのためには、より多くの人々と情報を共有し戦略に基づき未来に

向けて歩んでいく必要がある。

　最後に英国・ラフバラ大学への留学をためらっていた私に将来を見据えて行動することの重要性を説き、帰国後も得た情報を戦略的に活用することを示唆するだけでなく、常に貴重な場を提供してくれている日本スポーツ振興センター（JSC）前理事長の河野一郎先生に、この場を借りて心から感謝を捧げたい。

　本書は、専修大学長期在外研究員制度とJSCラフバラ大学政策情報研究拠点センターの協力により得た情報を基に執筆を行った。また、本書は専修大学図書刊行助成を受けて刊行されたものである。

2015年10月吉日　　久木留　毅

久木留 毅（くきどめ・たけし）

1965年12月生まれ。専修大学商学部卒業、筑波大学大学院体育研究科修了（体育学修士・スポーツ医学博士）、法政大学大学院政策科学専攻修了（政策科学修士）、英国ラフバラ大学客員研究員など。現在、専修大学文学部教授。

トップスポーツの政策、競技スポーツにおける情報戦略研究、コンディショニング（アスリートの減量）研究を専門とする。

レスリングの前男子ナショナルチームコーチ兼テクニカルディレクター。国際レスリング連合（UWW）指導者講習会インストラクター（2006、2007、2008）。UWW Technical Committee メンバー（2013年〜）。

社会活動として、（公）日本オリンピック委員会情報・医・科学部会委員、情報戦略部門・部門長、ロンドン・ソチオリンピック等対策プロジェクト委員。（財）日本レスリング協会特定理事、情報戦略委員会副委員長、スポーツ医科学委員会委員。文部科学省「スポーツ振興に関する懇談会」メンバー。（独）日本スポーツ振興センター（JSC）情報・国際部アドバイザー。元ラフバラ大学政策・情報研究拠点センター長。嘉納治五郎記念国際スポーツ研究・交流センター特別研究員、など。

英国における拠点大学のスポーツ戦略

2015年11月10日　第1版第1刷
2017年7月5日　第1版第2刷

著　者　久木留 毅
発行者　笹岡五郎
発行所　専修大学出版局
　　　　〒101-0051　東京都千代田区神田神保町3-10-3
　　　　　　　　　　（株）専大センチュリー内
　　　　電話03-3263-4230（代）
印　刷
製　本　藤原印刷株式会社

Ⓒ Takeshi Kukidome 2015 Printed in Japan
ISBN 978-4-88125-297-0